Kunst- und Kulturmanagement

Herausgegeben von
A. Hausmann, Frankfurt (Oder), Deutschland

Ziel der Reihe „Kunst- und Kulturmanagement" ist es, Studierende, Wissenschaftler, Kunst- und Kulturmanager sowie sonstige Interessierte in komprimierter Weise in das Fachgebiet einzuführen und mit den wesentlichen Teilgebieten vertraut zu machen. Durch eine abwechslungsreiche didaktische Aufbereitung und die Konzentration auf die wesentlichen Methoden und Zusammenhänge soll dem Leser ein fundierter Überblick gegeben sowie eine rasche Informationsaufnahme und -verarbeitung ermöglicht werden. Die Themen der einzelnen Bände sind dabei so gewählt, dass sie den gesamten Wissensbereich des modernen Kunst- und Kulturmanagement abbilden. Für die Studierenden muss eine solche Reihe abgestimmt sein auf die Anforderungen der neuen Bachelor- und Masterstudiengänge. Die (auch prüfungs-)relevanten Teilgebiete des Fachs „Kunst- und Kulturmanagement" sollen daher abgedeckt und in einer komprimierten, systematisch aufbereiteten und leicht nachvollziehbaren Form dargeboten werden. Für bereits im Berufsleben stehende Kunst- und Kulturmanager sowie sonstige Interessierte muss die Reihe den Anforderungen gerecht werden, die eine arbeits- und zeitintensive Berufstätigkeit mit sich bringt: Kurze und prägnante Darstellung der wichtigsten Themen bei Sicherstellung aktueller Bezüge und eines qualitativ hochwertigen Standards. Es ist unbedingter Anspruch der jeweiligen Autorenbücher, diesen Interessenslagen gerecht zu werden. Dabei soll neben einer sorgfältigen theoretischen Fundierung immer auch ein hoher Praxisbezug gewährleistet werden.

Herausgegeben von
Andrea Hausmann
Europa-Universität Viadrina
Frankfurt (Oder),
Deutschland

Albrecht Steinecke

Management und Marketing im Kulturtourismus

Basiswissen – Praxisbeispiele – Checklisten

Albrecht Steinecke
Paderborn, Deutschland

ISBN 978-3-531-18586-6 ISBN 978-3-531-19125-6 (eBook)
DOI 10.1007/978-3-531-19125-6

Die Deutsche Nationalbibliothek verzeichnet diese Publikation in der Deutschen Nationalbibliografie; detaillierte bibliografische Daten sind im Internet über http://dnb.d-nb.de abrufbar.

Springer VS
© Springer Fachmedien Wiesbaden 2013
Das Werk einschließlich aller seiner Teile ist urheberrechtlich geschützt. Jede Verwertung, die nicht ausdrücklich vom Urheberrechtsgesetz zugelassen ist, bedarf der vorherigen Zustimmung des Verlags. Das gilt insbesondere für Vervielfältigungen, Bearbeitungen, Übersetzungen, Mikroverfilmungen und die Einspeicherung und Verarbeitung in elektronischen Systemen.

Die Wiedergabe von Gebrauchsnamen, Handelsnamen, Warenbezeichnungen usw. in diesem Werk berechtigt auch ohne besondere Kennzeichnung nicht zu der Annahme, dass solche Namen im Sinne der Warenzeichen- und Markenschutz-Gesetzgebung als frei zu betrachten wären und daher von jedermann benutzt werden dürften.

Gedruckt auf säurefreiem und chlorfrei gebleichtem Papier

Springer VS ist eine Marke von Springer DE. Springer DE ist Teil der Fachverlagsgruppe Springer Science+Business Media
www.springer-vs.de

Vorwort

Kultur und Tourismus – das ist aus Sicht vieler Kulturakteure keine Liebe auf den ersten Blick. Sie tun sich immer noch recht schwer mit den Touristen, die als oberflächlich interessierte Besucher gelten, und sie sind skeptisch gegenüber den touristischen Unternehmen, die angeblich kein Verständnis für kulturelle Belange aufbringen.

Doch wer sich dem Tourismus mit einer Mischung aus Vorurteilen, Unkenntnis und manchmal auch ein wenig Arroganz nähert, der kann die Vorteile nicht wahrnehmen, die dieser Partner aufweist: So zählt die Besichtigung von Kirchen, Museen und Burgen zu den beliebtesten Urlaubsaktivitäten der Bundesbürger, die wirtschaftliche Lage der Branche ist glänzend und alle Prognosen sagen ihr eine goldene Zukunft voraus!

Der Tourismus ist also keine schlechte Partie, denn angesichts schrumpfender öffentlicher Budgets bietet er Kultureinrichtungen die Chance, zusätzliche Besucher zu gewinnen und höhere Einnahmen zu erzielen. Eine spätere Heirat sollte also nicht von vornherein ausgeschlossen werden. Dazu ist es aber notwendig, sich einmal näher mit seinen Besonderheiten zu beschäftigen:

- Welche speziellen Merkmale, Erwartungen und Verhaltensweisen haben die auswärtigen Besucher?
- Was sind wichtige Trends auf dem nationalen und internationalen Markt, die beachtet werden sollten?
- Wie können sich Kultureinrichtungen erfolgreich auf dem dynamischen Freizeit- und Tourismusmarkt positionieren?
- Was müssen Kulturakteure im Marketing und Management tun, um die Wünsche ihrer Besucher zu erfüllen und sie zu begeisterten Kunden zu machen?
- Wie können Kultureinrichtungen prüfen, ob sie mit ihrem eigenen Angebot auf dem Tourismusmarkt überhaupt konkurrenzfähig sind?

Das Studienbuch versucht, diese Fragen auf anschauliche und praxisnahe Weise zu beantworten – durch die Vermittlung von Basiswissen zum touristischen Markt, durch zahlreiche *Good-Practice*-Beispiele sowie durch Checklisten, mit denen die Kultureinrichtungen ihre gegenwärtige Marktposition bestimmen können; damit richtet sich der Band vor allem an:

- Verantwortliche kleinerer Kultureinrichtungen, die sich künftig stärker im Tourismus engagieren wollen, aber bislang noch keine große touristische Erfahrung haben,[1]
- Studierende der Studiengänge „Tourismusbetriebswirtschaftslehre", „Kulturtourismus" sowie „Kulturmanagement", die sich rasch einen fundierten Überblick über dieses Thema verschaffen möchten.

Bei meinen Arbeiten an diesem Band bin ich auf vielfältige Weise unterstützt worden; dafür möchte ich mich herzlich bedanken:
- Prof. Dr. Andrea Hausmann (Frankfurt/Oder) verdanke ich die Anregung zu diesem Studienbuch und auch die Aufnahme in die Publikationsreihe „Kunst- und Kulturmanagement".
- Zahlreiche Kultureinrichtungen haben mir freundlicherweise Abbildungen und Fotos zur Verfügung gestellt und mir einen Abdruck gestattet.
- Dr. Charlotte Freitag (Paderborn) danke ich für ihr großes Engagement bei der Durchführung der umfangreichen Literatur- und Internetrecherchen.
- Peter Blank (Bielefeld) hat sich mit Kreativität, Fachkenntnis und Geduld um die Erstellung der Graphiken und die Bearbeitung der Fotos gekümmert.
- Sibel Alpaslan (Paderborn) war für die sorgfältige Durchsicht der Druckvorlage verantwortlich.
- Bei der Schlussredaktion wurde ich von Dr. Cori Antonia Mackrodt (Springer VS-Verlag, Wiesbaden) kompetent und professionell unterstützt.

Ein besonderer Dank gilt aber meiner Frau Renate; auf langen Spaziergängen hat sie mir geduldig zugehört, sie war eine sachkundige Beraterin beim Verfassen des Textes und sie hat die ersten Entwürfe kritisch kommentiert (auch wenn ich als Autor eigentlich nur uneingeschränkte Zustimmung erwartet habe).

Paderborn, im Sommer 2012   Albrecht Steinecke

---

[1] Die Arbeit in der Kulturbranche ruht im Wesentlichen auf den Schultern von Frauen; ausschließlich aus Gründen einer besseren Lesbarkeit des Textes wird auf die zusätzliche Angabe weiblicher Funktions- und Berufsbezeichnungen verzichtet.

Inhaltsverzeichnis

Vorwort		5
Inhaltsverzeichnis		7
1	**Der kulturtouristische Markt: Besonderheiten, Wettbewerbssituation und Herausforderungen**	**9**
1.1	Die kulturell interessierten Touristen: Merkmale – Erwartungen – Verhaltensweisen	11
1.1.1	Merkmale und Motive der bundesdeutschen Touristen	12
1.1.2	Besonderheiten der kulturell interessierten Touristen	13
1.2	Die Wettbewerber: öffentliche Akteure – kommerzielle Anbieter – kulturelle Events	25
1.2.1	Öffentliche Akteure	25
1.2.2	Kommerzielle Anbieter	28
1.2.3	Kulturelle Events	31
1.3	Herausforderungen für Kulturanbieter im Tourismus: Interessengegensätze – Dialogbereitschaft – Angebotsprofil	32
1.3.1	Interessengegensätze zwischen Kultur- und Tourismusakteuren	33
1.3.2	Bereitschaft zum Dialog	34
1.3.3	Touristische Anforderungen an das Angebot von Kultureinrichtungen	38
2	**Strategisches Management von Kulturanbietern im Tourismus: Zielsetzung und Positionierung**	**41**
2.1	Normatives Management: Vision und Leitbild	43
2.1.1	Vision	43
2.1.2	Leitbild	44
2.2	Positionierung von Kulturangeboten	48
2.2.1	Thematisierung von Kulturangeboten	51
2.2.2	Vernetzung von Kulturangeboten	58
2.2.3	Limitierung von Kulturangeboten	66
2.2.4	Filialisierung von Kulturangeboten	71
3	**Operatives Management von Kulturanbietern im Tourismus: Marktauftritt, Marketing und Qualitätsmanagement**	**76**
3.1	Marktauftritt	80

3.1.1	Markenbildung von Kultureinrichtungen: Funktionen – Vorteile – Anforderungen	81
3.1.2	Architektur, Wettbewerbe und Gütesiegel als Instrumente der Markenbildung	89
3.2	Touristische Marketing-Maßnahmen von Kultureinrichtungen	94
3.2.1	Leistungspolitik: Ausschilderung – Präsentation – Besucherinformation – Zusatzangebote	96
3.2.2	Preispolitik: Besonderheiten – Strategien – öffentliche Wirkung	119
3.2.3	Distributionspolitik: Besonderheiten – direkter und indirekter Vertrieb – *Locations*	122
3.2.4	Kommunikationspolitik: Information in den Quellgebieten der Touristen – Vor-Ort-Maßnahmen	125
3.2.5	Grenzen des kulturtouristischen Marketings	133
3.3	Qualitätsmanagement	134
3.3.1	Erfassung der Besucherzufriedenheit	136
3.3.2	Maßnahmen der Besucherbindung	140
3.3.3	Qualifizierung der Mitarbeiter	143
4	**Checklisten für Kulturanbieter: Fit für den Tourismus?**	**147**
4.1	Standortbestimmung: Was ist unsere gegenwärtige Position auf dem kulturtouristischen Markt?	147
4.2	Zielformulierung: Welche Rolle wollen wir künftig auf dem kulturtouristischen Markt spielen?	150
4.3	Aufgabenspektrum: Was müssen wir verbessern, um unsere Ziele zu erreichen?	152

Abbildungs- und Tabellenverzeichnis 157
Literaturverzeichnis 163
Register 171

1 Der kulturtouristische Markt: Besonderheiten, Wettbewerbssituation und Herausforderungen

„Das Auge sieht, was es sucht."
Max Slevogt

Kultur hat weiterhin Konjunktur im Tourismus: Mehr als 60 Prozent der Bundesbürger geben in aktuellen Marktuntersuchungen an, dass sie sich für die Kultur ihrer Ferienregion interessieren; damit rangiert dieses Reisemotiv im Spektrum aller Urlaubserwartungen an zweiter Stelle – nach dem allgemeinen Wunsch, sich auszuruhen und zu erholen.

Entsprechend beliebt sind auch die Besichtigung von Kulturdenkmälern und die Teilnahme an Kulturveranstaltungen, von denen sich einige zu *touristischen Besuchermagneten* entwickelt haben: Mit jährlich mehr als sechs Millionen Besuchern ist der Kölner Dom die populärste Sehenswürdigkeit in Deutschland, bei temporären Sonderausstellungen (z. B. „Gesichter der Renaissance" im Berliner „Bode-Museum" 2011) müssen die Öffnungszeiten aufgrund des enormen Andrangs verlängert werden und die „Bregenzer Festspiele" verzeichnen mit ihren spektakulären Aufführungen auf der Seebühne regelmäßig neue Besucherrekorde.

Für viele Kulturanbieter sind Touristen längst zu einer wichtigen zusätzlichen Zielgruppe geworden. Im Vergleich zu den einheimischen Besuchern weisen die Urlauber allerdings einige Besonderheiten auf, die im Kulturmanagement zu berücksichtigen sind. Von besonderer Bedeutung ist dabei das *knappe Zeitbudget* der auswärtigen Gäste:

- Für die Vorbereitung und Organisation ihrer Reise benötigen sie aktuelle, leicht zugängliche Informationen sowie schnelle, komfortable Reservierungs- und Buchungsmöglichkeiten.
- Da sie sich nur kurz am Urlaubsort aufhalten und ihre Zeit effizient nutzen möchten, interessieren sie sich ausschließlich für das Besondere und das Einmalige; sie nehmen die Kultur also scheuklappenartig wahr.

Dieser *selektive Blick* führt einerseits zu einer ausgeprägten Hierarchie kultureller Sehenswürdigkeiten: Neben wenigen „Besuchermagneten", die einen großen Ansturm von Gästen zu bewältigen haben, gibt es zahlreiche „Mauerblümchen", die ein touristisches Schattendasein führen; für beide Typen von Attraktionen sind unterschiedliche Maßnahmen des Kulturmanagements notwendig.

Andererseits stößt der selektive Blick der Touristen bei traditionellen Kulturanbietern häufig auf Unverständnis und Missbilligung, denn er widerspricht ihrem *umfassenden wissenschaftlichen Verständnis von Kultur*, das nicht nur die

Präsentation außergewöhnlicher Exponate umfasst, sondern auch das kontinuierliche und systematische Sammeln, Bewahren und Forschen.

So ist es nicht verwunderlich, dass viele Kulturakteure einer Ausrichtung auf den Tourismus durchaus skeptisch gegenüberstehen. Sie haben *erhebliche Vorbehalte* gegenüber diesen flüchtigen Besuchern, die als gedankenlos und oberflächlich gelten, und der Reisebranche, der vor allem ein triviales Kunstverständnis und ein ausschließlich kommerzielles Interesse unterstellt werden.

Angesichts schrumpfender öffentlicher Budgets stehen die Kultureinrichtungen jedoch vor der Notwendigkeit, *zusätzliche Einnahmequellen* zu erschließen. In zahlreichen Fallstudien konnte nachgewiesen werden, dass es sich bei den auswärtigen Besuchern um eine besonders ausgabefreudige Zielgruppe handelt, deren ökonomische Wirkungen sich nicht auf den Kulturbereich beschränken, sondern auch die lokale Wirtschaft insgesamt beleben.

Aufgrund dieser Tatsache bemühen sich inzwischen auch Städte und Regionen um die kulturell interessierten Gäste; dadurch hat sich der *Wettbewerb im Kulturtourismus* in den letzten Jahren erheblich verschärft. Außerdem wird das kulturelle Angebot ständig erweitert (z. B. durch die Eröffnung neuer Museen oder die Veranstaltung von Festspielen), so dass in einigen Bereichen der Kulturbranche bereits Sättigungserscheinungen zu beobachten sind.

Kulturmanagement im Tourismus findet also generell in einem Spannungsfeld von *zwingend notwendiger Marktorientierung* und *kulturellem Bildungsauftrag* statt. Dabei verfügt nicht jeder Kulturanbieter überhaupt über das Potenzial, sich als touristische Attraktion zu positionieren – und natürlich besteht prinzipiell auch kein Zwang, sich in stärkerem Maße auf auswärtige Besucher zu konzentrieren.

Wenn allerdings die grundsätzliche Entscheidung für eine stärkere touristische Ausrichtung getroffen wird, sind zum einen *exakte und aktuelle Kenntnisse des Tourismusmarktes* unverzichtbar; zum anderen müssen Kultureinrichtungen ihr eigenes Potenzial bestimmen und ein aktives Marketing sowie Management betreiben.

In diesem Studienbuch wird das *Basiswissen zum Kulturmanagement im Tourismus* vermittelt – auf der Grundlage wissenschaftlicher Untersuchungen, aber auch zahlreicher praktischer Fallstudien. Dabei werden folgende zentrale Fragen beantwortet (vgl. Abb. 1):

- Was sind typische Merkmale, Erwartungen und Verhaltensweisen der Kulturtouristen (Zielgruppenanalyse → 1.1)?
- Mit welchen Konkurrenten haben es die Kulturanbieter zu tun und was können sie von ihnen lernen (Wettbewerbsanalyse → 1.2)?

Der kulturtouristische Markt 11

- Vor welchen besonderen Herausforderungen stehen Kulturanbieter im Tourismus (Umfeldanalyse → 1.3)?
- Welche Chancen bestehen für Kultureinrichtungen auf dem Tourismusmarkt und wie können sie sich erfolgreich von anderen Wettbewerbern abgrenzen (strategisches Management → 2)?
- Welche praktischen Schritte müssen Kulturanbieter unternehmen, um Touristen als Besucher zu gewinnen (operatives Management → 3)?
- Wie können Kulturanbieten überprüfen, ob das eigene Kulturangebot gegenwärtig im Tourismus konkurrenzfähig ist (Checklisten → 4)?

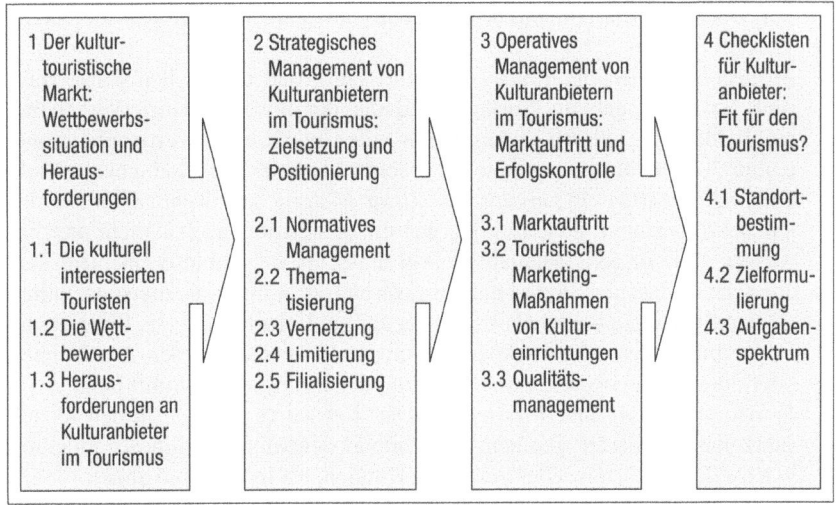

Abb. 1: Fahrplan durch das Studienbuch

1.1 Die kulturell interessierten Touristen: Merkmale – Erwartungen – Verhaltensweisen

Seit dem Ende des Zweiten Weltkriegs hat der deutsche Urlaubsreisemarkt ein gewaltiges *quantitatives Wachstum* erlebt: So stieg die Zahl der Bundesbürger, die eine Urlaubsreise unternommen haben, von 9,3 Millionen im Jahr 1954 auf 53,4 Millionen im Jahr 2010. Dieser Nachfrageboom hat dazu geführt, dass die Urlaubsreise von einem Luxus- zu einem Standardkonsumgut geworden ist, das breiten Schichten der Bevölkerung zugänglich ist (dieser Prozess wird auch als *Demokratisierung des Reisens* bezeichnet). Mit dem rasanten Anstieg der Nachfrage waren zugleich qualitative Veränderungen im Reiseverhalten verbunden, die auch für Kulturanbieter von großer Bedeutung sind.

1.1.1 Merkmale und Motive der bundesdeutschen Touristen

Reiseerfahren und individualistisch, anspruchsvoll und preissensibel – so lassen sich die bundesdeutschen Urlauber gegenwärtig charakterisieren. Hinsichtlich ihres Reiseverhaltens und ihrer Reisemotive weisen sie also durchaus *widersprüchliche Merkmale* auf (deshalb werden sie häufig auch als „hybride Konsumenten" bezeichnet):

- *Anspruchsdenken und Preissensibilität:* Aufgrund der breiten Reiseerfahrung (speziell auch im Ausland) und der damit verbundenen Vergleichsmöglichkeiten gelten Basisleistungen wie Unterkunft, Gastronomie sowie Kultur-/Unterhaltungsangebote inzwischen als Selbstverständlichkeit. Viele Urlauber erwarten eine *ergänzende Zusatzleistung mit einem hohen emotionalen Erlebniswert*; gleichzeitig erweisen sie sich aber auch als sehr preisbewusst („Geiz ist geil"-Mentalität). Kulturakteure müssen also einerseits darauf achten, dass das Preis-Leistungs-Verhältnis stimmt; andererseits sollten sie den Besuchern weit mehr bieten als nur ein Eintrittskarte – z. B. durch die Verknüpfung des eigenen Angebots mit anderen touristischen Attraktionen oder durch eine besonders hohe Qualität der Informationsvermittlung.
- *Individualisierung und Privilegien:* Der Tourismus hat sich in den letzten Jahrzehnten generell zu einem Massenmarkt entwickelt. In dieser Situation wächst das Bedürfnis jedes einzelnen Kunden, als Individuum angesprochen zu werden und ungewöhnliche Momente zu erleben, die nur wenigen Touristen vorbehalten ist. Kulturakteure können dieses *Wunsch nach Individualität* befriedigen, indem sie exklusive Situationen schaffen – z. B. in Form von Empfängen für Konzertbesucher, bei denen der Dirigent bzw. der Solist persönlich anwesend sind, oder durch Museumsführungen außerhalb der üblichen Öffnungszeiten (allerdings besteht prinzipiell ein Widerspruch zwischen Exklusivität und Privilegien einerseits und dem kulturellen Bildungsauftrag und der öffentlichen Finanzierung von Kultureinrichtungen andererseits).
- *Kurzfristigkeit und Flexibilität:* Spätbuchungen und die große Beliebtheit von Last-Minute-Angeboten sind Belege dafür, dass Reiseentscheidungen immer kurzfristiger getroffen werden. Immer mehr Konsumenten erwarten deshalb eine Zeitgleichheit von Reiseentscheidung und Buchungsbe-

stätigung. Kulturanbieter müssen also über einfache Informationswege und schnelle Distributionsmöglichkeiten verfügen. Speziell die Betreiber von Mega-Ausstellungen haben sich bereits erfolgreich auf diesen Trend eingestellt: Die Buchung der Eintrittskarte erfolgt *Online* oder über ein zentrales *Call Center* und bezahlt wird per Kreditkarte; neben dem Ticket können häufig auch weitere touristische Leistungen gebucht werden (Unterkunft, Stadtrundfahrten etc.).

- *Differenzierte Freizeit- und Urlaubsmotive:* Anstelle eines Hauptmotivs ist gegenwärtig ein Bündel von Reisemotiven zu beobachten: Untersuchungen zu den Urlaubserwartungen der kulturell interessierten Touristen zeigen, dass diese Zielgruppe z. B. auch eine romantische Stimmung sucht sowie den Kontakt mit anderen Menschen, den intensiven Genuss und die unberührte Natur. Generell erwarten die Urlauber also ein breites Angebotsspektrum mit hoher Wahlfreiheit (*Multioptionalität*). Für kulturtouristische Anbieter ergibt sich die Notwendigkeit, ein multifunktionales und zugleich überschaubares Leistungsangebot bereitzustellen, aus dem sich die Konsumenten rasch und bequem ihr persönliches Produkt zusammenstellen können – wie an einem Büfett.

1.1.2 Besonderheiten der kulturell interessierten Touristen

Auf Reisen sind die Bundesbürger weitaus neugieriger und offener für neue Erfahrungen, als allgemein angenommen wird. In einer bundesweiten Repräsentativuntersuchung gaben 63,6 Prozent der Befragten an, dass sie sich für die Kultur ihrer Ferienregion interessieren (Gebeco/TMA/UPB 2009). Sie bilden ein Teilsegment des gesamten Tourismusmarktes, das unter dem *Oberbegriff „Kulturtourismus"* subsumiert wird. Obwohl seitens der Tourismusforschung inzwischen zahlreiche Definitionen erarbeitet worden sind, gibt es bislang noch keine allgemein anerkannte begriffliche Abgrenzung.

Eine Ursache dieses Defizits ist der *Wandel des Kultur-Begriffs*, der in den letzten Jahrzehnten innerhalb der Kulturwissenschaften stattgefunden hat. Neben materiellen und immateriellen Elementen der Hochkultur gelten inzwischen auch alltägliche Verhaltensweisen und Objekte als Bestandteile von „Kultur" (Moebius 2009): So reicht z. B. das Themenspektrum der Berliner Museen von klassischen Kultureinrichtungen wie dem „Ägyptischen Museum" über zeitgeschichtliche

Erwartungen und Motive der Touristen	Konsequenzen für das Kulturmanagement
Anspruchsdenken und Preissensibilität	– materiellen bzw. immateriellen Zusatznutzen bieten (Ticket-Design, persönliches Souvenir, Überraschungen) – Preise differenzieren (Sonderangebote, Saison-/Tageszeiten-Preise, Tickets für Familien, Kleingruppen etc.)
Individualisierung und Privilegien	– Besucher als persönliche Gäste behandeln (Begrüßung, Betreuung, Verabschiedung) – individuelle Angebote kreieren – exklusive Zugänge ermöglichen (zu ungewöhnlichen Zeiten bzw. durch spezielle Eingänge) – Besucher als Werbeträger betrachten (Mund-zu-Mund-Propaganda)
Kurzfristigkeit und Flexibilität	– Homepage regelmäßig pflegen (Aktualität) und einfache Navigation ermöglichen – Onlinebuchungsmöglichkeit schaffen – rasch auf E-Mail-Anfragen reagieren – *Application (App) für Smartphones* etc. einrichten
differenzierte Freizeit- und Urlaubsmotive	– unterschiedliche thematische Besichtigungstouren entwickeln (Kurzbesuch zu den wichtigsten Exponaten, ausführliche Entdeckertour etc.), – eigenes Angebot mit anderen Attraktionen verknüpfen (Kombi-Ticket)

Tab. 1: Kulturanbieter sollten sich bei ihrer Angebotsgestaltung darauf einstellen, dass es sich bei den bundesdeutschen Urlaubern um sehr reiseerfahrene und entsprechend anspruchsvolle Besucher handelt.

Ausstellungen wie die „Topographie des Terrors" bis hin zu alltagskulturellen Attraktionen wie das „Deutsche Currywurst Museum".

Aus Sicht von Experten lassen sich also Kulturangebote nicht mehr exakt von Unterhaltungsangeboten abgrenzen und auch die Nachfrager können nicht präzise als Kultur- bzw. Vergnügungsurlauber klassifiziert werden.

Angesichts dieser neuen Unübersichtlichkeit des Angebots und fehlender objektiver Abgrenzungskriterien arbeiten empirische Tourismuserhebungen immer mit einem subjektiven Kultur-Begriff: Als *„Kulturtouristen"* gelten demnach alle Befragten, die als Motiv oder Zweck ihrer Urlaubsreise die Kultur nennen.

Dabei zeigen aktuelle Untersuchungen, dass bei breiten Teilen der Bevölkerung ein eher *klassisches Kultur-Verständnis* besteht, das vor allem durch Elemente der Hochkultur geprägt wird. So assoziieren 94 Prozent der Bundesbürger mit dem Begriff „Kulturreise" die Besichtigung historisch bedeutender Bauwerke und 88 Prozent zählen den Besuch von Museen dazu; hingegen sind nur zwei von drei Befragten der Meinung, dass auch das Erleben der heutigen Alltagskultur Teil einer Kulturreise ist (vgl. IfT 2009, 26). Aufgrund dieser Tatsache handelt es sich bei den empirisch ermittelten Daten zum Umfang des kulturtouristischen Marktes sogar um relativ niedrige Werte.

Was ist Kulturtourismus?

„Der Kulturtourismus umfasst alle Reisen von Personen, die ihren Wohnort temporär verlassen, um sich vorrangig über materielle und/oder nicht-materielle Elemente der Hoch- und Alltagskultur des Zielgebiets zu informieren, sie zu erfahren und/oder zu erleben" (Steinecke 2002, 10).

Was sind generelle Merkmale der Kulturtouristen?

– Interesse an Kultur (mit unterschiedlich ausgeprägter Intensität),
– Besichtigung kultureller Einrichtungen (sowohl der Hoch- als auch der Alltagskultur).
– Teilnahme an Kulturveranstaltungen (Festspiele, Festivals, Events, Brauchtumsveranstaltungen),
– Nutzung von Informationsmedien (Gästeführer, Printmedien, neue Medien).

Für Kulturanbieter bieten *bundesweite Repräsentativuntersuchungen* eine gute Möglichkeit, aktuelle Informationen über das Reiseverhalten der Bundesbürger und auch die Zielgruppe der Kulturtouristen zu erhalten. Neben Einzelstudien, die zu bestimmten Anlässen durchgeführt werden, stellt dabei die jährliche „Reiseanalyse" der „Forschungsgemeinschaft Urlaub und Reisen" (Kiel) eine wichtige Quelle dar. Zentrale Ergebnisse dieser kommerziellen Untersuchung, in der Interessenten auch eigene Fragen schalten können, werden jeweils in einer Kurzfassung publiziert (vgl. www.fur.de; F. U. R. 2011).

In den Repräsentativerhebungen werden zahlreiche Aspekte des Reiseverhaltens erfasst, deshalb lässt sich die *Zielgruppe der kulturell interessierten Touristen* recht gut beschreiben; sie weist folgende typische Merkmale auf (vgl. Steinecke 2007, 13-14):
- relativ viele junge und ältere Urlauber (wenig Familien mit kleinen Kindern),
- hohes Bildungsniveau, hohes Haushaltseinkommen und deshalb auch überdurchschnittlich hohe Reiseausgaben,
- reiseerfahrene, auslandsorientierte, mobile und aktive Touristen,
- hoher Anteil von Pauschalreisenden.

Allerdings handelt es sich bei diesen Merkmalen um bundesweite Durchschnittswerte; einzelne Kultureinrichtungen können durchaus eine andere Besucherstruktur aufweisen – z. B. aufgrund ihrer thematischen Ausrichtung, Programmgestaltung bzw. museumspädagogischen Betreuung. Für Kulturanbieter ist es deshalb zwingend notwendig, regelmäßig *eigene Besucherbefragungen* durchzuführen; nur auf der Grundlage aktueller Daten zum Profil und zur Zufriedenheit der Gäste ist ein erfolgreiches Management möglich (→ 3.3.1).

Zum Grundverständnis der Zielgruppe gehört – neben solchen empirisch erhobenen Daten – aber auch die Kenntnis folgender *Besonderheiten*, die es bei der Angebotsgestaltung zu berücksichtigen gilt:
- *Touristen befinden sich im Urlaub:* Abstand vom Alltag gewinnen, sich entspannen und frei sein von Zwängen – das sind typische Erwartungen, die mit der jährlichen Urlaubsreise verbunden werden. Die kulturell interessierten Urlauber wollen auch etwas Neues lernen, aber vor allem suchen sie nach Abwechslung, sie möchten einen schönen Tag mit dem Partner oder der Familie verbringen und zu Hause über ungewöhnliche Erfahrungen berichten (vgl. Abb. 2). In diesem Wunschbild einer stressfreien und erlebnisreichen Zeit ist kein Platz für strenge Museumswärter, autoritäre Gästeführer und eine straffe Programmplanung. Kulturanbieter sollten sich also bemühen, eine angenehme und niveauvolle Atmosphäre zu schaffen, in der sich die Besucher wohlfühlen. Dabei spielt nicht nur die ästhetische Gestaltung der Räumlichkeiten eine wichtige Rolle, sondern vor allem auch die Freundlichkeit der Mitarbeiter. Den Besuchern sollte das Gefühl vermittelt werden, besonders willkommen zu sein.

Der kulturtouristische Markt

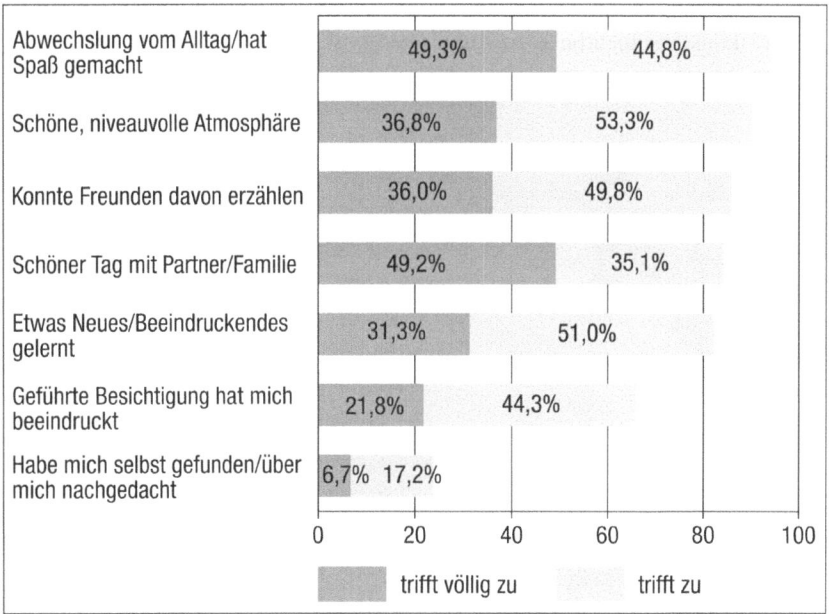

Abb. 2: Bei den Erinnerungen an den letzten Besuch einer Kultureinrichtung spielt die Lernerfahrung nur eine nachgeordnete Rolle. Weitaus wichtiger sind die Abwechslung vom Alltag, eine schöne Atmosphäre und die Tatsache, dass man zu Hause über ungewöhnliche Erfahrungen berichten kann.

- *Touristen sind kulturelle Laien:* Bei den Urlaubern handelt es sich zwar um neugierige und interessierte Besucher, aber in der Regel nicht um kunst- und kulturgeschichtliche Experten (nur ca. jeder zehnte Besucher kommt aus beruflichen Gründen). Häufig beschäftigen sie sich sogar zum ersten Mal mit dem jeweiligen Thema der Ausstellung, des Schlosses, der Gartenanlage etc.; deshalb benötigen sie – neben einer klaren Wegweisung – auch kurze, verständliche und anschauliche Informationen, die ihnen rasch ein Grundverständnis ermöglichen. Eine chronologische Aneinanderreihung von Daten und eine trockene Aufzählung von Fakten wirken dabei eher abschreckend; vielmehr erwarten die Besucher eine lebendige und emotional berührende Präsentation, die ihnen einen Bezug zu ihrem eigenen Leben ermöglicht. Wie hat der Alltag in früheren Zeiten ausgesehen und wie haben die Menschen damals gelebt? Die Beantwortung solcher Fragen stößt z. B.

bei Führungen auf weitaus größeres Interesse als allgemeine historische bzw. kunstgeschichtliche Ausführungen (vgl. Bartha 2011, 26; Abb. 3).

Abb. 3: Kulturtouristen sind interessierte Laien, die eine verständliche, anschauliche und lebendige Form der Informationsvermittlung erwarten. Dazu werden auch in deutschen Kultureinrichtungen zunehmend Animationstechniken eingesetzt. Im „Pfahlbaumuseum Unteruhldingen Bodensee" erläutert z. B. „Uhldi" den jungen Besuchern, wie die Menschen in der Steinzeit gelebt haben.

- *Touristen haben einen selektiven Blick:* Das Geld- und vor allem das Zeitbudget der Touristen sind generell knapp – unabhängig davon, ob es sich um einen Tagesausflug, eine Kurzreise oder einen längeren Aufenthalt handelt. Aufgrund dieser Tatsache sind die Urlauber gezwungen, Orte und Sehenswürdigkeiten auszuwählen. Sie haben kein Interesse an einem systematischen Überblick, sondern suchen das Besondere und das Typische – schlichtweg den *Superlativ*. Oftmals handelt es sich dabei um imposante Bauten oder bekannte Kunstwerke, die – verstärkt durch eine breite mediale Berichterstattung – längst zu touristischen Ikonen geworden sind (Eiffelturm, Taj Mahal, Mona Lisa etc.). Diese scheuklappenartige Sichtweise der Urlauber steht in krassem Gegensatz zum umfassenden und systematischen

Sammlungs-, Forschungs- und Bildungsauftrag von Kultureinrichtungen. Sie ist aber kein Ausdruck eines mangelnden oder oberflächlichen Interesses der Besucher, sondern eine notwendige Konsequenz der spezifischen Reisesituation (selbst professionelle Kulturakteure müssen auf Reisen eine Auswahl ihrer Besichtigungsobjekte treffen). Der selektive Blick hat eine *ausgeprägte Hierarchie der Attraktionen* zur Folge: So verzeichneten die bayerischen Schlösser, Burgen und Residenzen im Jahr 2010 knapp fünf Millionen Besucher. Deutlicher Spitzenreiter ist dabei Neuschwanstein (1,3 Millionen) – als Mythen umranktes „Märchenschloss" Ludwig II.; erst mit deutlichem Abstand folgen die Schlösser Linderhof und Herrenchiemsee (451.470 bzw. 417.660).

Praxisbeispiel selektiver Blick:
Nofretete im „Neuen Museum" in Berlin

„Guido Petras bekommt Gruppe fünf zugeteilt. Rund 20 ältere Damen und Herren, die ziemlich genau eine Stunde für die Führung mitgebracht haben. Dann müssen sie zum Kammerkonzert [...].

Petras ist 29 Jahre alt, Student der Klassischen Archäologie, Byzantinistik und Philosophie, ein etwas hastiger Redner, der schöne Sätze baut und eine Anekdote an die nächste heftet. Er arbeitet seit vier Jahren als Museumsführer. Er führt durch die verschiedenen Epochen, erläutert Fresken, streift den Untergang von Pompeji, „archäologisches Cocktailparty-Wissen", nennt Petras das.

Eine Dame aus Steglitz dreht sich zu ihrem Mann um und sagt: „Wann kommt die Nofretete?" [...].

Die knappe Zeit lässt es nicht zu. Er [Petras] ignoriert die bösen Blicke. Er hat die Gruppe in den Vaterländischen Saal gebracht, sagt noch etwas zur Wandbemalung und verabschiedet die Besucher.

Es ist kurz vor acht am Abend. Petras setzt sich auf eine Bank, erschöpft. Und sagt: „Manchmal habe ich das Gefühl, es würde reichen, wir hätten hier nur Toiletten und die Nofretete. Die Leute stehen in der Antikensammlung, weit und breit kein ägyptisches Stück, wonach fragen sie? Nach der Nofretete. Sie stehen in der Gemäldegalerie, keine Figur zu sehen, wonach fragen sie? Nach der Nofretete." [...]

Petras, der Archäologe, sitzt auf seiner Treppe und versteht nicht wirklich, warum die Leute so fasziniert sind von dieser Büste.
Sie ist eine Einäugige mit angeknabberten Ohren.
„Eine Büste aus Kalkstein und Gips, die als Modell für weitere Statuen diente, mit Sicherheit kein Unikat. Um ehrlich zu sein: Aus wissenschaftlicher Sicht kann ich den Hype nicht ganz verstehen'"" (Quelle: Spiegel 05/2011).

- *Touristen schätzen Besichtigungsrituale:* Der selektive Blick führt jedoch nicht nur zu einer Hierarchie der Besucherattraktionen, sondern auch zu zeitlich geprägten Ritualen der Besichtigungen. Generell fließt z. B. der Strom von Städtetouristen relativ langsam und gleichmäßig durch die besonders attraktiven Altstadtquartiere mit ihren historischen Gebäuden und bekannten Sehenswürdigkeiten (vgl. Keul/Kühberger 1996; Mandel 2011, 187-190). In einigen Städten wird der touristische Tagesablauf durch besondere Ereignisse strukturiert, die ursprünglich eine alltägliche Bedeutung hatten, aber aufgrund ihres außergewöhnlichen Charakters inzwischen zu Attraktionen geworden sind – z. B. Glockenspiele (München, Essen, Salzburg etc.) und militärische Wachablösungen (Buckingham Palace in London, Königliches Schloss in Stockholm, Burg in Prag; vgl. Abb. 4). In diesen kurzen Momenten entsteht in der anonymen Masse der Touristen eine emotional geprägte Atmosphäre der Gemeinschaft, die auch für religiöse Rituale kennzeichnend ist (Heilige Messe, Prozessionen). Derartige Situationen können auch künstlich kreiert werden – wie das Beispiel Las Vegas zeigt. Mit Hilfe großer Multimedia-Installationen inszenieren Themenhotels wie das „Treasure Island" und das „Mirage" mehrmals täglich spektakuläre Seeschlachten und Vulkanausbrüche, zu denen sich jeweils ein Massenpublikum am *Strip* versammelt (vgl. Steinecke 2009, 116-127). Der Wunsch an Besichtigungsritualen, die laienhafte Annäherung an Kultur, der selektive Blick und das Bedürfnis nach einem urlaubsgerechten Lernen – das sind generelle Merkmale *aller* kulturell interessierten Touristen. Bei genauerer Betrachtung zeigt sich aber, dass es innerhalb dieser Zielgruppe drei unterschiedlich motivierte Urlaubertypen gibt (vgl. Hausmann 2011, 116-117):

Der kulturtouristische Markt 21

Abb. 4: Mancherorts wird der touristische Tagesablauf durch Rituale strukturiert, die ursprünglich eine alltägliche Bedeutung hatten – aber inzwischen aufgrund ihres außergewöhnlichen Charakters zu Besucherattraktionen geworden sind (z. B. „Changing of the Guard" vor dem Buckingham Palace in London).

- *Kenntnisreiche Kenner:* Bei diesen Urlaubern spielt das kulturelle Interesse eine zentrale Rolle; bereits bei der Entscheidung für das Reiseziel steht die Besichtigung von Kultureinrichtungen bzw. der Besuch von Kulturveranstaltungen fest. Dabei spielen Reiseführer und -magazine sowie Berichte in Tages- und Wochenzeitungen, Radio und TV (Feuilleton, Kultursendungen) eine wichtige Rolle als Informationsquellen. Häufig handelt es sich um Touristen, die sich gründlich vorbereitet haben und über entsprechendes Vorwissen verfügen. Deshalb stellen diese Besucher auch hohe inhaltliche Anforderungen an die Kultureinrichtungen; sie erwarten umfassende und differenzierte Informationen (z. B. spezielle Themenführungen, Kataloge). Schätzungen gehen davon aus, dass es sich bei ca. 5-10 Prozent der Zielgruppe um solche „Kulturtouristen im engeren Sinne" handelt.

- *Interessierte Neugierige:* Eine weitaus größere Gruppe sind die Besichtigungstouristen, die nicht nur kulturbezogene, sondern auch andere Urlaubsaktivitäten ausüben (Wandern, Schwimmen, Einkaufen, Restaurantbesuche etc.). Diese „Auch-Kultururlauber" oder „Gelegenheits-Kulturtouristen" haben sich nicht gründlich auf die Besichtigung vorbereitet, sondern spontan dazu entschlossen. Sie möchten auf unterhaltsame, aber nicht banale Weise etwas Neues lernen – ohne großen Zeitaufwand und vor allem ohne pädagogischen Zeigefinger (*Infotainment*). Für diese Besucher, die ca. drei Viertel aller Kulturtouristen ausmachen, sollten die Kultureinrichtungen vor Ort Werbung betreiben sowie verständliche Basisinformationen bereitstellen, kurze Übersichtsführungen anbieten und Vorschläge für eigene Besichtigungstouren machen.
- *Zufällige Besucher:* Schließlich gibt es noch Urlauber, die sich spontan für den Besuch einer Kultureinrichtung entscheiden – z. B. weil sie durch Plakate, City-Light-Poster bzw. Werbung auf Linien- oder Stadtrundfahrtbussen darauf aufmerksam geworden sind (oder weil sie bei schlechtem Wetter nach einer sinnvollen Freizeitbeschäftigung suchen). Bei dieser „vagabundierenden" Zielgruppe handelt es sich häufig um Individualtouristen, die ihre Unterkunft und ihr Transportmittel direkt im Internet gebucht haben (meist Flüge mit einer *Low Cost Airline*). Sie betreiben keine langfristige Reiseplanung, informieren sich erst vor Ort über die Angebote und entscheiden dann, wie sie ihren Kurzurlaub gestalten (vgl. Buri 2011, 250-252). Um diese zufälligen Besucher anzusprechen, sollten Kultureinrichtungen durch Werbemaßnahmen im öffentlichen Raum auf sich aufmerksam machen (z. B. an Ortseingängen, an Flughäfen und auf Bahnhöfen; vgl. Abb. 5) sowie eine Strategie der offenen Tür verfolgen – z. B. durch Schnupper-Angebote und Anregungen zum eigenen Entdecken der Ausstellung.

Diese Urlaubertypologie ermöglicht den Kulturanbietern ein *Grundverständnis des kulturtouristischen Marktes* – und auch der Besucherstruktur in der eigenen Einrichtung. Der jeweilige Mix wird durch mehrere Faktoren beeinflusst; dazu gehört u. a. die Popularität des Themas, der Standort (innerstädtisch/peripher), der Bekanntheitsgrad (PR-Arbeit, Berichterstattung in den Medien). Darüber hinaus kann die Typologie auch als Bezugspunkt für die eigene Besucherforschung genutzt werden (→ 3.3.1).

Abb. 5: Für Kultureinrichtungen in Kleinstädten sind Banner an den Ortseingängen ein geeignetes Instrument, um die „vagabundierenden" kulturtouristischen Zielgruppen anzusprechen. Auf diese Weise wurden z. B. Tagesbesucher und Urlauber im Jahr 2011 auf die Ausstellung „Mosaiken aus dem Vatikan" in der „Städtischen Galerie Überlingen" hingewiesen.

Ob zufällige Besucher, interessierte Neugierige oder kenntnisreiche Kenner – alle Gäste sollten von den Kultureinrichtungen generell als *Konsumenten* betrachtet werden, deren unterschiedlich ausgeprägte Interessen und Informationsbedürfnisse adäquat zu befriedigen sind. Während diese konsequente Marktorientierung im angloamerikanischen Raum weit verbreitet ist, pflegen viele Kulturakteure im deutschsprachigen Raum immer noch eine elitäre Attitüde – wie z. B. der österreichische Künstler André Heller (1990, 160): „Auch dies ist ein unumstößliches Gesetz: Der Einfall touristischer Horden führt zur Ausrottung des Schönen."

Typen von Kulturtouristen	Konsequenzen für das Kulturmanagement
Kenntnisreiche Kenner (Kultur als zentrales Reisemotiv, themenbezogenes Vorwissen)	– Aufmerksamkeit in den Quellgebieten schaffen (generelle PR-Arbeit, Annoncen, Berichte in Tages- und Wochenzeitungen, Radio, TV, Hinweise in Reiseführern) – ein umfassendes und differenziertes Informationsangebot bereitstellen (Themenführungen, Kataloge)
Interessierte Neugierige (Besichtigungen als *eine* Urlaubsaktivität von mehreren, geringes themenbezogenes Vorwissen)	– Aufmerksamkeit im Zielort erzeugen (Plakate im Stadtbild, Werbung im ÖPNV, Banner an der Kultureinrichtung, Flyer in Hotels und anderen Besucherattraktionen) – für gute Ausschilderung der Kultureinrichtung im Zielort sorgen – verständliche Basisinformationen bereitstellen – individuelle Rundgänge zu wichtigen Exponaten vorschlagen – kurze Übersichtsführungen anbieten
Zufällige Besucher (spontane Entscheidung, kein themenbezogenes Vorwissen)	– Aufmerksamkeit im Zielort erzeugen – für gute Ausschilderung der Kultureinrichtung im Zielort sorgen – Schnupper-Angebote entwickeln (freier/reduzierter Eintritt zu bestimmten Zeiten) – zum Flanieren durch die Kultureinrichtung anregen

Tab. 2: Bei den Kulturtouristen handelt es sich nicht um eine homogene Zielgruppe; deshalb sollten Kultureinrichtungen ihr Management auf mehrere Urlaubertypen ausrichten, die spezifische Interessen haben und unterschiedliche Vorkenntnisse aufweisen.

Für ein professionelles Kulturmanagement erweist sich eine solche Grundhaltung nicht nur als fragwürdig, sondern auch als kontraproduktiv: Zum einen haben öffentliche Kultureinrichtungen eine *klare Bringschuld* gegenüber der Gesellschaft, da wesentliche Teile ihres Budgets aus Steuermitteln stammen; deshalb sollten sie ihr Angebot nicht nur auf den kleinen Kreis kenntnisreicher Kenner ausrichten, sondern auf ein interessiertes Massenpublikum. Zum anderen stehen Kultureinrichtungen vor der Herausforderung, *neue Finanzierungsquellen* zu erschließen, da die öffentlichen Mittel knapper werden; eine Vernachlässigung bzw. Herabwürdigung kulturell interessierter Urlauber führt aber dazu, dass dieses großes Nachfragepotenzial ungenutzt bleibt (bzw. abgeschreckt wird).

1.2 Die Wettbewerber: öffentliche Akteure – kommerzielle Anbieter – kulturelle Events

> *„Museums are competing for the Entertainment Dollar,"* says Samuel Sachs, Director of the Detroit Institute of Art. *"We compete with Newspapers, Magazines, Sporting Events etc."*

Urlauber haben viele Möglichkeiten, ihren *Entertainment Dollar* (oder Euro) auszugeben – und so stehen Kultureinrichtungen in einem harten Wettbewerb mit anderen Bereichen der Freizeitbranche. Da es sich bei den kulturell interessierten Touristen um eine besonders einkommensstarke und ausgabefreudige Zielgruppe handelt, versuchen immer mehr Anbieter, sie als Kunden zu gewinnen:
- Zum einen verschärft sich der Wettbewerb innerhalb des öffentlichen Kultursektors,
- zum anderen treten kommerzielle Akteure auf, die einen neuartigen Mix aus Konsum und Kultur anbieten, und
- schließlich finden vielerorts kulturelle Events statt (als neue Konkurrenten der stationären Kultureinrichtungen).

1.2.1 Öffentliche Akteure

In Zeiten, in denen andere Wirtschaftszweige durch Krisen und Stagnation gekennzeichnet sind, betrachten viele Städte und Regionen den Kulturtourismus als ideales Instrument, das *Image nachhaltig zu verbessern, die Einkommenssituation erheblich zu stärken, qualifizierte Arbeitsplätze zu schaffen und kreative Milieus zu fördern*. Darüber hinaus können die eigenen kulturellen Ressourcen dazu genutzt werden, ein klares und unverwechselbares Profil zu schaffen. Angesichts der wachsenden Standardisierung im Einzelhandel und Gastgewerbe sowie der zunehmenden Austauschbarkeit vieler Zielgebiete handelt es sich dabei um einen wichtigen Standortvorteil im touristischen Wettbewerb. Anhand einiger Beispiele soll das steigende kulturtouristische Engagement auf nationaler, regionaler und lokaler Ebene verdeutlicht werden:

- *Genereller Ausbau des kulturellen Angebots – speziell des Museumswesens:* So kam eine europaweite Studie zu dem Ergebnis, dass das kulturelle Angebot im Zeitraum 1985-1993 um 40 Prozent gestiegen ist – die Nachfrage aber nur um 10 Prozent (vgl. Richards 1996, 38). Eine ähnliche Entwicklung hat auch im deutschen Museumswesen stattgefunden: Die Zahl der Museen verzeichnete im Zeitraum 1991-2009 einen Anstieg um 48 Prozent, während die Zahl der Museumsbesuche nur einen Zuwachs von 16 Prozent aufwies (vgl. Abb. 6). In einzelnen Segmenten der Kulturbranche sind also bereits deutliche Sättigungstendenzen zu beobachten, die zu einer Verschärfung des Wettbewerbs zwischen den einzelnen Akteuren führen.
- *Angebotsdiversifizierung traditioneller Tourismusdestinationen:* Unter dem Slogan „España – todo bajo el sol" („Spanien – alles unter der Sonne") hat sich das Land lange Zeit ausschließlich als Reiseziel für Badeurlauber präsentiert. Damit gehörte es auf dem internationalen Tourismusmarkt zu den typischen „Warmwasser-Destinationen", die aufgrund eines ähnlichen Sonne-Strand-Angebots vorrangig über den Preis miteinander konkurrieren (Türkei, Bulgarien, Ägypten, Dominikanische Republik etc.). Erst seit den 1990er-Jahren hat die nationale Marketingorganisation TOURESPANA den lukrativen Kultur- und Städtetourismus zu einem weiteren Angebotssegment ausgebaut – u. a. auch mit der Zielsetzung, die Nachfrage zeitlich zu entzerren und die binnenländischen Regionen touristisch stärker zu erschließen. Darüber hinaus sind auch kommunale Zusammenschlüsse entstanden, um die spanischen UNESCO-Welterbestätten aktiv zu vermarkten (z. B. „Cuidades Patrimonio la Humidad de España").
- *Markteintritt neuer Destinationen:* Das Ruhrgebiet war lange Zeit nur ein wichtiges Quellgebiet im deutschen Tourismus. Mit der Aufstellung des „Masterplan für Reisen ins Revier" im Jahr 1997 wurde der Grundstein dafür gelegt, den „Pott" als Tourismusdestination zu positionieren (vor allem für den Tagesausflugsverkehr und für Kurzreisen). Innerhalb des Konzepts spielen der Kulturtourismus und speziell die Nutzung des industriekulturellen Erbes eine herausragende Rolle. Dieser Umstrukturierungsprozess führte konsequenterweise zur erfolgreichen Bewerbung als „RUHR.2010 – Kulturhauptstadt Europas" (vgl. Scheytt 2011).

Der kulturtouristische Markt 27

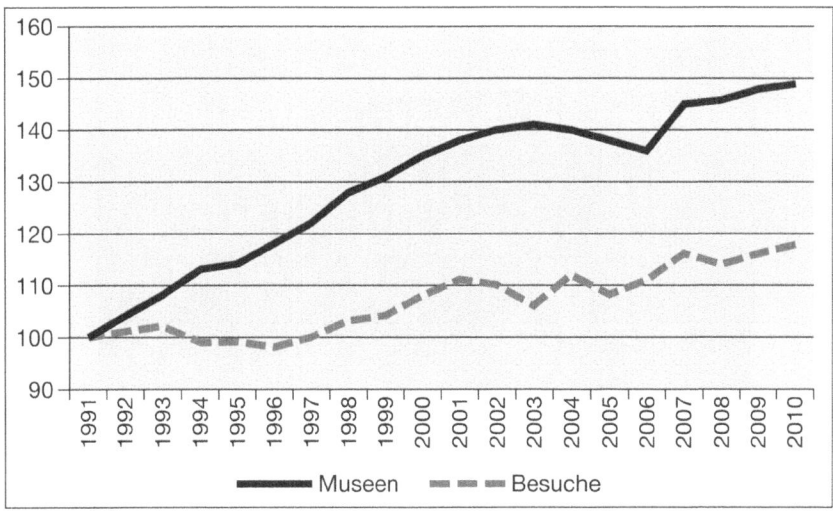

Abb. 6: Seit den 1990er-Jahren weist die Zahl der Museen in Deutschland ein größeres Wachstum auf als die Zahl der Museumsbesuche. Dadurch ist ein erhebliches Überangebot entstanden, das zu einer Verschärfung des Wettbewerbs zwischen den einzelnen Museen geführt hat (Indexwerte).

- *Temporäre Sehenswürdigkeiten:* Im historischen Zentrum Berlins wurde im Juni 2011 die „Humboldt-Box" eröffnet – ein Ausstellungspavillon, in dem sich die Besucher über die Pläne zum Wiederaufbau des Schlosses und dessen künftige Nutzung als „Humboldt-Forum" informieren können (vgl. Abb. 7). Mit diesem privat betriebenen Projekt erhofft sich der „Förderverein Berliner Schloss" zusätzliche Spendeneinnahmen, die für die Errichtung der historischen Schlossfassade notwendig sind. In kurzer Zeit hat sich das futuristisch anmutende Gebäude zu einer Besucherattraktion entwickelt: Bereits innerhalb der ersten 50 Tage kamen 100.000 Gäste. Nach Fertigstellung des „Humboldt-Forums" soll der Pavillon wieder abgebaut werden. Eine ähnliche temporäre Sehenswürdigkeit gab es in Berlin bereits in den Jahren 1995-2001. Am Potsdamer Platz stand die „Info Box", in der die Besucher über die städtebauliche Planung informiert wurden und den Fortschritt der Arbeiten auf Europas größter Baustelle verfolgen konnten (vgl. Ribbeck 2000).

Abb. 7: Die „Humboldt-Box" in Berlin ist ein Beispiel für eine temporäre kulturelle Sehenswürdigkeit. In dem Ausstellungspavillon können sich die Besucher über die Pläne zum Wiederaufbau des Berliner Schlosses und dessen künftige Nutzung als „Humboldt-Forum" informieren. Nach der Fertigstellung des Gebäudes soll die Box wieder abgebaut werden.

1.2.2 Kommerzielle Anbieter

Seit den 1990er-Jahren sind zahlreiche *thematische Erlebnis- und Konsumeinrichtungen* entstanden, die eine Mischung aus Shopping, Unterhaltung, Kultur und Bildung bieten – z. B. Urban Entertainment Center, Themenhotels, Science Center und Markenerlebniswelten. Aufgrund ihrer Multifunktionalität und Erlebnisorientierung sprechen sie generell ein breites Publikum an – u. a. auch die Zielgruppe der interessierten Neugierigen („Auch-Kulturtouristen"), für die der Besuch kultureller Attraktionen nur *eine* Aktivität unter vielen Urlaubsvergnügungen darstellt (vgl. Steinecke 2009).

Da diese kommerziellen Erlebniseinrichtungen keine klassischen öffentlichen Kulturaufgaben haben (Sammeln, Bewahren, Forschen, Bilden), können sie sich konsequent an den *Infotainment-Bedürfnissen der Besucher* orientieren – ohne historischen Ballast und ohne Einbindung in die kameralistische Haushaltsführung; damit treten sie in direkte Konkurrenz zu traditionellen Kulturanbietern. Anhand von zwei Beispielen soll die *große Popularität* dieser Einrichtungen verdeutlicht werden:

Der kulturtouristische Markt

- Im Jahr 1995 eröffnete das Unternehmen „Swarovski" in Wattens bei Innsbruck (Tirol) die „*Swarovski-Kristallwelten*" – eine neuartige Markenerlebniswelt mit Kunst-, Erlebnis- und Einkaufsangeboten. Unter einem Gartenhügel, der von einem Wasser speienden Riesen bewacht wird, schuf der Künstler André Heller ein Ensemble ungewöhnlicher Räume voller Kristallformationen sowie Glas- und Kunstobjekte (vgl. Braun 1996). Aufgrund des großen Erfolgs wurde diese Markenerlebniswelt inzwischen erweitert. Gegenwärtig sind die „Swarovski-Kristallwelten" mit 700.000 Besuchern/Jahr eine der wichtigsten Besucherattraktionen in Österreich (vgl. Abb. 8).
- Bei der „*Autostadt*" in Wolfsburg handelt es sich um die Markenerlebniswelt (*Brand Land*) der „Volkswagen AG". Auf einer Fläche von 25 Hektar entstand im Jahr 2000 eine multifunktionale Besucherattraktion – mit spektakulären Markenpavillons, Museen, Kinos, Restaurants und einem Kundenzentrum für Selbstabholer. Außerdem finden in der „Autostadt" regelmäßig kulturelle Events statt (z. B. die „Movimentos Festwochen" mit Tanztheater, Konzerten, Lesungen etc.). Die jährliche Besucherzahl dieses *Brand Lands* beläuft sich auf ca. zwei Millionen Gäste (vgl. Steinecke 2004).

Abb. 8: Ein Wasser speiender Riese mit leuchtenden Glasaugen bewacht die „Swarovski-Kristallwelten" – eine Markenerlebniswelt des weltbekannten Herstellers von Kristallglas und optischen Geräten. Für die traditionellen Kultureinrichtungen ist dieses „Brand Land" längst zu einem ernsthaften Konkurrenten geworden: Mit 700.000 Gästen/Jahr zählen die „Kristallwelten" zu den populärsten Besucherattraktionen in Österreich.

Praxisbeispiel kommerzielle Anbieter als neue Konkurrenten: „Autostadt" in Wolfsburg

Interview mit Maria Schneider (Kreativdirektorin der „Autostadt")

„*Merian:* Kultur hatte von Anfang an einen hohen Stellenwert bei der Entwicklung der Autostadt. Sie wollten kein reines Auslieferungszentrum mit einem Fast-Food-Imbiss neben der Rampe schaffen. Was haben Sie sich vom Nebeneinander von Auto und Kultur versprochen?
Schneider: Erstmal haben wir unseren Kulturbegriff sehr weit definiert. Die Gastronomie, die Form, wie wir ein Hotel interpretieren, das Design – sowohl inner- als auch außerhalb der Pavillons – galten für uns als wichtiger Bestandteil der Kultur. Schon in der Bauphase haben wir Kunst integriert. Denken Sie nur an die großen Werke auf der Piazza von Ingo Günther oder Gerhard Merz [...]. Das sind aufregende Bekenntnisse zur zeitgenössischen Kunst. Unser Kulturbegriff ist aber längst nicht nur an solche Formen gebunden. Er dokumentiert sich auch über die Veranstaltungen der Autostadt, nicht nur bei *Movimentos*, das ja sehr leicht erkennbar ist als Tanzfestival, sondern auch in Lesungen, Konzerten oder Ausstellungen.
Merian: Die Autostadt ist zum Ort und Hort der Hochkultur geworden. War es ein schwieriger Prozess, die Kultur mit dem Kommerz zu verknüpfen, so dass beide voneinander profitieren?
Schneider: Persönlich habe ich es als Bereicherung empfunden und auch als große Herausforderung. Als eine Art von Reibung, die etwas ganz Neues entstehen lässt. [...]
Merian: Und wie sieht es sich durch die Brille des Autoproduzenten?
Schneider: Gerade für das Vermarkten von Fahrzeugen ist die Kunst ein interessantes und spannendes Feld. Dem Käufer, in unserem Fall dem Besucher der Autostadt, eröffnet sie die Möglichkeit, sich damit auseinander zu setzen und die eigene Perspektive, Erfahrung, die eigene Biografie mit einzubringen. Das ist natürlich unkalkulierbarer, unkontrollierbarer, aber dadurch auch unendlich reizvoll. Vergleichen Sie mal einen relativ eindimensionalen werblichen Auftritt mit einer künstlerischen Arbeit, dann werden Sie im künstlerischen Werk unendlich mehr Facetten entdecken. [...]
Merian: Im Prinzip ist der enorme Erfolg der Autostadt der Kultur zu verdanken oder andersrum gefragt, wäre er auch ohne Kultur möglich gewesen?
Schneider: Unser erweiterter Kunst- und Kulturbegriff hat in jedem Fall einen sehr großen Anteil."
(Quelle: www.merian.de/reiseziele/artikel/a-688545.html vom 24.08.2011)

1.2.3 Kulturelle Events

Seit den 1990er-Jahren hat generell eine „Politik der Festivalisierung und die Festivalisierung der Politik" (Häußermann/Siebel 1993, 7) stattgefunden, durch die vor allem die Städte als Bühnen für neue Kultur- und Freizeitveranstaltungen inwertgesetzt worden sind. Das Spektrum solcher Events umfasst alle Bereiche der Hoch- und Alltagskultur:
- *Musik-Events:* Open-Air-Konzerte, Festspiele, Festivals etc.,
- *Literatur- und Theater-Events:* Buchmessen, Preisverleihungen, Lesungen, Festspiele etc.,
- *Kunst-Events:* Sonderausstellungen, Kunstspektakel, Großfeuerwerke etc.,
- *Traditions- und Brauchtums-Events:* Almabtrieb, Fastnet, Osterfeuer, Jahrmärkte, Stadtfeste etc.,
- *religiöse Events:* Prozessionen, Kirchentage, öffentliche Segnungen etc.,
- *wissenschaftliche Events:* Ausstellungen, Kongresse, Preisverleihungen etc.

Die kulturellen Events treten in zweifacher Hinsicht als neue Konkurrenten der klassischen Kultureinrichtungen auf: Zum einen wird das kulturelle Angebot auf lokaler bzw. regionaler Ebene quantitativ erweitert; da der *Entertainment Euro* aber nur einmal ausgegeben werden kann, müssen sich die kulturell interessierten Urlauber für eines der Angebote entscheiden. Zum anderen handelt es sich immer um zeitlich begrenzte Veranstaltungen und damit um knappe Güter. Sofern sie über eine hinreichende thematische Attraktivität verfügen, kann mit Hilfe eines professionellen Marketings die Situation des Begehrenskonsums geschaffen werden. Dabei entsteht bei den Konsumenten das Gefühl, dieses Event auf keinen Fall verpassen zu dürfen – entsprechend groß ist z. B. der Besucherandrang bei Sonderausstellungen, denn in der PR-Arbeit und Werbung wird ausdrücklich herausgestellt, dass es sich um *„Once in a lifetime"-Events* handelt (→ 2.2.3).

Allerdings fungieren die Events nicht nur als neue Wettbewerber von Kultureinrichtungen wie Museen, Burgen, Schlösser etc., sondern sie konkurrieren auch direkt miteinander. Für sie gilt deshalb die gleiche Grundregel wie für alle Akteure in gesättigten Märkten: Sie müssen ein klares Profil entwickeln und über Alleinstellungsmerkmale verfügen. Zu den üblichen Strategien zählen dabei u. a. das Engagement bekannter Künstler sowie die Nutzung ungewöhnlicher Veranstaltungsorte wie Burgen, Schlösser, Ruinen, Freilicht- oder Seebühnen (vgl. Steinecke 2007, 206-207; Abb. 9).

Abb. 9: Zu den Alleinstellungsmerkmalen der „Bregenzer Festspiele" zählen – neben dem hohen künstlerischen Niveau – vor allem die spektakulären Bühnenbilder. Trotz ungünstiger Witterung kamen im Jahr 2011 mehr als 120.000 Besucher, um beim „Spiel auf dem See" die Inszenierung der französischen Oper „André Chénier" zu sehen.

1.3 Herausforderungen für Kulturanbieter im Tourismus: Interessengegensätze – Dialogbereitschaft – Angebotsprofil

Der Tourismus hat sich in den letzten 50 Jahren generell als dynamischer Massenmarkt erwiesen – und innerhalb dieser Entwicklung sind auch zahlreiche Kultureinrichtungen zu *„Besuchermagneten"* geworden:

- Der Kölner Dom gilt als wichtigste Sehenswürdigkeit in Deutschland: Mit ca. sechs Millionen Besuchern/Jahr ist er weitaus beliebter als die erfolgreichste kommerzielle Freizeitattraktion – der „Europa-Park" in Rust.
- Zu den besonders populären Ausflugs- und Reisezielen zählen auch Schloss Neuschwanstein und das Heidelberger Schloss, die alljährlich einen Ansturm von mehr als einer Million Besuchern verzeichnen.
- Vor der Sonderausstellung des „Museum of Modern Art" (New York) in Berlin bildeten sich im Jahr 2007 lange Schlangen: Innerhalb weniger Monate kamen 680.000 Besucher, die dieses *„Once in a lifetime"-Event* auf keinen Fall verpassen wollten.

Solche enormen Besuchermengen schaffen inzwischen eine Reihe von Problemen, die nur mit Hilfe eines *professionellen Managements* zu lösen sind: Sie reichen von Schädigungen an Kunstwerken und Gebäuden über eine Störung des authentischen Kunsterlebnisses aufgrund des großen Andrangs bis hin zu einer kaum kontrollierbaren Kommerzialisierung und Trivialisierung der Kultur (Souvenirs, Events etc.).

1.3.1 Interessengegensätze zwischen Kultur- und Tourismusakteuren

Angesichts solcher Probleme kann es nicht verwundern, dass viele Kulturakteure die touristische Realität durchaus kritisch betrachten – denn sie haben primär völlig andere Ziele und Aufgaben, als Besucherströme zu kanalisieren, Verbote durchzusetzen, Schäden an Kunstwerken zu verhindern oder Postkarten zu verkaufen. Im Mittelpunkt ihrer Arbeit stehen vorrangig *wissenschaftliche Aufgaben* – wie z. B. in den Museen das Sammeln, Bewahren und Forschen. Bei der Präsentation von Exponaten und begleitenden pädagogischen Maßnahmen handelt es sich also nur um einen Teilbereich aus einem sehr viel breiteren Tätigkeitsspektrum (vgl. Dillmann/Dreyer 2011, 158-160; Abb. 10).

Aufgrund dieser spezifischen Aufgaben arbeiten öffentliche Kultureinrichtungen auch mit einer anderen *zeitlichen und ökonomischen Perspektive* als privatwirtschaftliche Unternehmen: Zum einen hat ihre Tätigkeit immer eine mittel- bis langfristige Dimension, zum anderen stehen sie nicht unter dem Diktat der Gewinnerzielung bzw. Profitmaximierung (nach Erfahrungen des Autors haben deshalb auch viele Kulturakteure erst zu Beginn des 21. Jahrhunderts begonnen, sich aktiv mit Fragen des Marketings auseinanderzusetzen).

Als strukturelles Konfliktfeld mit der Tourismusbranche erweist sich auch der *geringe wirtschaftliche Nutzen*, den Kultureinrichtungen aus einer Öffnung für touristische Besuchergruppen erzielen. Während sie selbst nur relativ niedrige Einnahmen aus Eintritten und Spenden sowie aus dem Verkauf von Katalogen, Büchern etc. erzielen, profitieren andere Akteure in erheblich größerem Maße von der Ressource „Kultur": speziell Hoteliers, Restaurantbesitzer und Einzelhändler, aber auch die Städte generell, die eindrucksvolle Kunstwerke im Rahmen ihres Stadtmarketings gerne als symbolträchtige Landmarken benutzen (vgl. Steinecke 2008, 193-194).

Aus Sicht der Tourismusbranche handelt es sich bei dem kulturellen Erbe um einen „externen Faktor", den sie kostenlos in ihr privatwirtschaftliches Geschäftsmodell integrieren kann. Angesichts des Überangebots an Destinationen und der Sättigungstendenzen in vielen Marktsegmenten steht sie vor der Herausforderung, ihren reiseerfahrenen und verwöhnten Gästen ständig *neuartige, ungewöhnliche*

Produkte anbieten zu müssen. Dabei denken touristische Unternehmen zwangsläufig immer nur in *kurzfristigen Zeiträumen* (die Sommersaison, die Wintersaison, das Geschäftsjahr etc.): Aufsichtsrat und Gesellschafter sind ausschließlich an raschen Erfolgen und hohen Renditen interessiert – nicht aber an übergeordneten gesamtgesellschaftlichen Zielen.

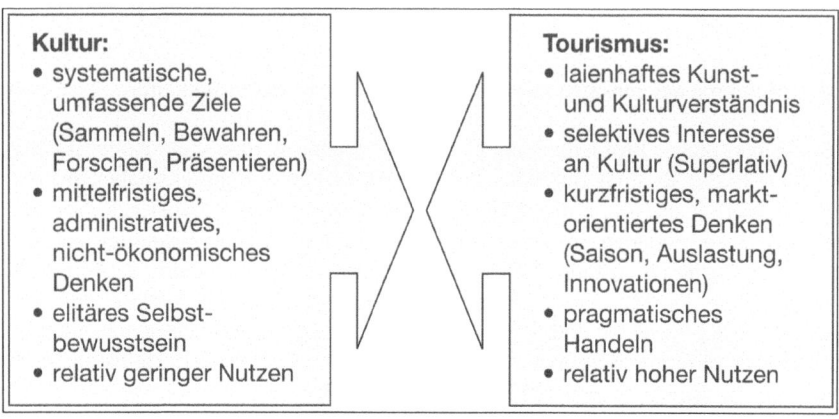

Abb. 10: *Kultur und Tourismus sind Partner mit teilweise divergierenden Interessen. Nur durch einen intensiven Dialog ist es möglich, gemeinsame Ziele zu vereinbaren, Synergieeffekte zu nutzen und gemeinsame Aktionen durchzuführen.*

1.3.2 Bereitschaft zum Dialog

Angesicht dieser offenkundigen Interessengegensätze ist es nicht verwunderlich, dass sich viele Kultureinrichtungen recht spröde zeigen, wenn es um die Bedürfnisse von Touristen und die Interessen der Tourismusbranche geht. Allerdings sollten sich die Skeptiker den zahlreichen Argumenten nicht verschließen, die für eine stärkere Tourismusorientierung sprechen. Sie bietet den Kultureinrichtungen zunächst einmal einen *direkten Nutzen* – z. B. durch (vgl. Klein o. J., 13):
- eine generelle Steigerung der Besucherzahlen,
- direkte Einnahmen aus zusätzlichen Eintrittsgeldern, aber auch aus dem Verkauf von Büchern, Katalogen, Postkarten und diversen Merchandising-Artikeln,
- eine stärkere Legitimation der eigenen Arbeit gegenüber den kommunalpolitischen Akteuren,

- eine bessere Integration in den allgemeinen Prozess der Stadtentwicklung.

Darüber hinaus nutzt der Kulturtourismus aber auch der *Tourismusdestination* insgesamt – z. B. durch (vgl. Klein o. J., 14; Pröbstle 2011, 82-85):
- die Ansprache einer neuen touristischen Zielgruppe, die besonders konsumkräftig und entsprechend ausgabefreudig ist,
- zusätzliche Einnahmen in der lokalen Wirtschaft (speziell in Restaurants und Hotels, aber auch im Einzelhandel),
- die Sicherung und Schaffung neuer Arbeitsplätze,
- die Verbesserung des Images, das inzwischen zu einem wichtigen Kriterium bei der Ansiedlung neuer Betriebe geworden ist (als „weicher" Standortfaktor).

Obwohl Kultur und Tourismus von einer engeren Kooperation profitieren können, ist die klar bekundete Bereitschaft zur Zusammenarbeit noch nicht selbstverständlich: In zahlreichen Diskussionen hat der Autor die Erfahrung gemacht, dass sich vor allem Denkmalpfleger, aber auch eine Reihe von Museumsleitern als recht widerspenstig zeigen, wenn es um die (intensivere) touristische Erschließung ihrer Einrichtungen geht.

Praxisbeispiele mangelnde Dialogbereitschaft

In einer Veranstaltung mit Museumsleitern berichtete z. B. ein Teilnehmer darüber, dass sich Besuchergruppen, die mit einem Busunternehmen sein Museum besichtigen, dort mindestens zwei Stunden aufzuhalten hätten. Ein kürzerer Besuch würde dem fachlichen Anspruch der Einrichtung nicht gerecht (eine solche Forderung ist natürlich völlig unrealistisch angesichts des knappen Zeit- und Geldbudgets von Tagesausflüglern und Urlaubern). – Bei einer Tagung mit saarländischen Industriedenkmalpflegern vertrat ein Teilnehmer offen die Meinung, er sei überhaupt nicht an einer Steigerung der Besucherzahlen interessiert – sein Ziel sei ausschließlich die Bewahrung „seines" Industriedenkmals für künftige Generationen.

Erst die Bereitschaft zur Zusammenarbeit ermöglicht allen Beteiligten, in einen fruchtbaren Dialog miteinander zu treten. Bevor jedoch konkrete Vorhaben vereinbart werden, sollten die Partner zunächst ein grundsätzliches Verständnis der unterschiedlichen Interessenlagen entwickeln (vereinfacht: Bildung vs. Kommerz). In diesem Kontext sollten auch die ethisch-moralischen Grenzen einer touristischen Nutzung von Kultur gemeinsam festgelegt werden, die speziell im Bereich von Werbeträgern und *Signature-/Merchandising*-Artikeln auftreten (Kappen, T-Shirts, Tassen etc. mit Replika bekannter Kunstwerke).

Praxisbeispiel Kooperation von Kultur- und Tourismusakteuren: „300 Jahre Asam-Barock Ostbayern"

Im Rahmen der Jahreskampagne „300 Jahre Asam-Barock Ostbayern 1686-1986" fand eine vertrauensvolle und erfolgreiche Zusammenarbeit von Kultur- und Tourismusverantwortlichen statt. Bei der Konzeption der Werbung ging es u. a. um eine Kooperation mit der regionalen Wirtschaft – speziell mit den zahlreichen Brauereien. Die Idee, Bierdeckel als Werbeträger zu nutzen, wurde zunächst als zu trivial verworfen. Erst als Kunstexperten darauf hinwiesen, dass sich Cosmos Damian Asam auf einem Fresko selbst als lebenslustiger Biertrinker dargestellt hat, wurde eine entsprechende Aktion unter dem Motto „Bayern, Bier, Barock" konzipiert (vgl. Unger 1993, 115-118).

Abb. 11: Der „Tourismusverband Ostbayern" gilt als einer der Vorreiter bei der Kooperation von Kultur und Tourismus. Bereits seit Mitte der 1980er-Jahren hat er zahlreiche Jahreskampagnen zu Themen der Hoch- und Alltagskultur durchgeführt – z. B. im Jahr 1992 das „Bauernjahr".

Der kulturtouristische Markt 37

In einem weiteren Schritt gilt es, praktische Fragen der Kooperation zu klären: Als häufiger Konfliktbereich erweisen sich dabei die *unterschiedlichen Planungs- und Zeithorizonte*, in denen die Kultur- bzw. Tourismusverantwortlichen arbeiten:
- So ergeben sich z. B. speziell bei Studien- und Gruppenreisen gelegentlich Verzögerungen im Reiseablauf, die eine große organisatorische Flexibilität der Kultureinrichtungen erforderlich machen (Verschiebung von vereinbarten Führungsterminen, Verlängerung der Öffnungszeiten etc.).
- Umgekehrt benötigen Reiseveranstalter und Tourismusorganisationen für ihre Produktentwicklung und Prospektgestaltung meistens einen mehrmonatigen Vorlauf und eine entsprechende Planungs- und Terminsicherheit. Kultureinrichtungen agieren hingegen häufig spontaner und kurzfristiger.

Praxisbeispiel Kultur-Tourismus-Dialog: „1. Speed-Dating Kultur" im Saarland

Im Herbst 2010 hat die „Tourismus Zentrale Saarland" (TZS) gemeinsam mit dem „Weltkulturerbe Völklinger Hütte" das „1. Speed-Dating Kultur" organisiert. Wie bei einer Partnerbörse konnten Kulturschaffende im Fünf-Minuten-Takt mit Hoteliers und Ferienwohnungsbesitzern über die geplanten Kulturveranstaltungen sprechen, gemeinsam Ideen für eine Kooperation entwickeln, Zimmer- bzw. Kartenkontingente vereinbaren oder sich einfach kennenlernen (Quelle: TZS Heute, 2010, 4).

In den letzten Jahren zeichnet sich im Kulturbereich eine wachsende Bereitschaft ab, mit Vertretern der Tourismusbranche in einen Dialog zu treten und zu kooperieren. Ein wichtiger Grund für diesen Sinneswandel waren sicherlich die rückläufigen öffentlichen Zuschüsse und die schrumpfenden Budgets der Kultureinrichtungen, die eine Suche nach neuen Einnahmequellen notwendig machen.

Ein zweiter Grund findet sich aber auch in den zahlreichen *Best-Practice-Beispielen* – also in erfolgreichen Kooperationsprojekten, die den potenziellen gemeinsamen Nutzen deutlich gemacht haben. Vorreiter dieser Entwicklung waren innovative Künstler bzw. Touristiker, die bereits in den 1980er-Jahren Kontakte jenseits ihres eigenen Tätigkeitsbereichs suchten und dabei ein grundlegendes Verständnis für die andersartigen Interessen ihrer Partner aufbrachten.

> **Praxisbeispiel Vorreiter einer Kooperation zwischen Kultur und Tourismus: Justus Frantz und Klemens Unger**
>
> Unter den Musikern ist vor allem der Pianist und Dirigent Justus Frantz zu nennen, der im Jahr 1986 das „Schleswig-Holstein Musik Festival" (SHMF) gründete. Zentrales Merkmal dieses äußerst populären Kulturangebots war die neuartige Mischung aus herausragenden Künstlerpersönlichkeiten (z. B. Leonard Bernstein) und ungewöhnlichen Spielstätten im gesamten Bundesland – von Scheunen über Kirchen bis hin zu Schlössern (vgl. Bittner 1991; Willnauer 2007).
>
> Auf touristischer Seite hat vor allem Klemens Unger, als Geschäftsführer des Tourismusverbands Ostbayern, mit dem „Kulturtouristischen Konzept Ostbayern" neue Wege beschritten. Seit 1986 wurden zahlreiche Jahreskampagnen zu kulturellen Themen umgesetzt („Asam-Jahr", „Der Gläserne Wald", „Bauernjahr" etc.). Diese Aktionen erhöhten den Bekanntheitsgrad der Region und lösten eine deutliche Steigerung der Besucher- sowie Übernachtungszahlen aus (vgl. Schemm/Unger 1997; Seidl 2003).

1.3.3 Touristische Anforderungen an das Angebot von Kultureinrichtungen

Inzwischen gibt es ein breites Spektrum an Veranstaltungen, an denen sich die *potenzielle „Win-Win"-Situation* zwischen Kultur und Tourismus eindrucksvoll belegen lässt; dazu zählen u. a.:

- *Landschafts-Festivals:* Nach dem Vorbild des „Schleswig-Holstein Musik Festivals" werden inzwischen vielerorts Festspiele durchgeführt, bei denen die jeweilige Region in das Veranstaltungsprogramm eingebunden wird und damit als Alleinstellungsmerkmal dient („Mosel Musikfestival", „Rheingau Musik Festival" etc.). Eine ähnliche Wettbewerbsstrategie verfolgen zahlreiche Städte, indem sie hochrangige Kulturevents dazu nutzen, ihr touristisches Image durch Musikfestivals aufzupolieren („Kissinger Sommer", „KlangZeit Münster" etc.). Der Anteil auswärtiger Gäste reicht dabei von 40 Prozent bei den „Internationalen Maifestspielen" in Wiesbaden bis zu 80 Prozent bei den „Salzburger Festspielen" (vgl. Brittner 2000, 58; Gaubinger 2006, 2).
- *Jahreskampagnen:* Als erfolgreich haben sich auch die kulturellen Themenjahre erwiesen, die auf nationaler Ebene von der „Deutschen Zentrale für Tourismus" (Frankfurt a. M.) koordiniert werden. Ein frühes Beispiel war

das „Lutherjahr 1996", das anlässlich des 450. Todestags des Reformators veranstaltet wurde. An diesem Projekt beteiligten sich mehrere regionale Tourismusorganisationen, zahlreiche Städte und Kultureinrichtungen mit einem Bezug zur Reformation sowie die Evangelische Kirche Deutschlands. In empirischen Untersuchungen konnten die positiven Effekte dieser Kampagne auf die Entwicklung der touristischen Nachfrage nachgewiesen werden (vgl. Wolff 1997; Schwark 2000).

Solche positiven Beispiele für die Zusammenarbeit von Kultur- und Tourismusakteuren basieren zunächst auf der generellen Bereitschaft zum Dialog und zur Kooperation. Um marktgerechte touristische Produkte entwickeln zu können, müssen Kultureinrichtungen aber auch über ein *attraktives und zeitgemäßes Angebot* verfügen, das öffentliche Aufmerksamkeit erregt und bei einem breiteren Reisepublikum auf Interesse stößt.

Eine österreichische Untersuchung kam zu dem Ergebnis, dass Tourismusverantwortliche in Unternehmen, Städten und Gemeinden folgende *Anforderungen an Kultureinrichtungen* stellen (vgl. Kriegner 2004, 10-11):
- klares Alleinstellungsmerkmal (Thema, Exponate, Art der Präsentation etc.),
- besuchergerechte Infrastruktur (ausreichende Größe, gute Ausstattung, zusätzliche Angebote wie Führungen etc.),
- Flexibilität im organisatorischen Bereich,
- eigene Marketingaktivitäten,
- Schwerpunkt auf Vermittlung von Wissen *(Edutainment)*.

Diese Liste macht deutlich, dass es sich bei dem Thema „Kultur" *keinesfalls um einen Selbstläufer im Tourismus* handelt. Nur Kultureinrichtungen, die über ein eigenständiges Angebotsprofil verfügen und selbst auch kundenorientiert arbeiten, wird es gelingen, sich erfolgreich auf dem Tourismusmarkt zu positionieren.

Der kulturtouristische Markt

Fazit

- Im Motivspektrum der Bundesbürger spielt die Kultur eine weitaus größere Bedeutung, als allgemein angenommen wird: In aktuellen Repräsentativuntersuchungen geben zwei von drei Touristen an, dass sie sich für die Kultur ihrer Ferienregion interessieren.
- Für Kultureinrichtungen bietet sich damit die Chance, neben der einheimischen Bevölkerung auch eine weitere Zielgruppe anzusprechen – und die eigenen Besucherzahlen und Einnahmen zu erhöhen.

- Allerdings handelt es sich bei den kulturell interessierten Urlaubern nicht um eine einheitliche Zielgruppe; vielmehr lassen sich drei Typen unterscheiden, die im Marketing und Management spezifisch angesprochen werden müssen: die kenntnisreichen Kenner, die interessierten Neugierigen sowie die zufälligen Besucher.
- Darüber hinaus sollten einige Besonderheiten dieser Zielgruppe berücksichtigt werden; dazu zählen die Urlaubssituation, die laienhafte Annäherung an Kultur, der selektive Blick (als Resultat des knappen Zeit- und Geldbudgets) sowie das Interesse an Besichtigungsritualen.
- Generell haben die kulturinteressierten Urlauber viele Möglichkeiten, ihren *Entertainment Euro* auszugeben. Die traditionellen Kultureinrichtungen stehen deshalb in einem harten Wettbewerb miteinander, aber auch mit kommerziellen Anbietern, die zunehmend in diesen lukrativen Markt drängen (speziell Markenerlebniswelten, Science Center, Urban Entertainment Center).
- Um sich erfolgreich auf dem Tourismusmarkt zu positionieren, müssen Kultureinrichtungen mehrere Bedingungen erfüllen. Angesichts grundsätzlicher Interessengegensätze zwischen Kultur- und Tourismusakteuren bedarf es zunächst einer generellen Bereitschaft zum Dialog und zur Zusammenarbeit.
- Darüber hinaus sollten Kultureinrichtungen aber auch über ein eigenständiges und attraktives Angebotsprofil verfügen, das folgende Aspekte umfasst: ein klares Alleinstellungsmerkmal, eine besuchergerechte Infrastruktur, Flexibilität im Bereich der Organisation, eigene Marketingaktivitäten sowie einen Schwerpunkt auf der Vermittlung von Wissen *(Edutainment)*.

Literaturtipps

Steinecke, A. (2007): Kulturtourismus. Marktstrukturen – Fallstudien – Perspektiven
Das Studienbuch bietet eine umfassende Darstellung des kulturtouristischen Gesamtmarktes sowie einzelner Segmente (Burgen, Gärten, Kirchen, Museen, *Dark Tourism*, Städte, ländliche Räume, Industrieregionen, Studienreisen etc.).

Hausmann, A./Murzik, L. (Hrsg.; 2011): Neue Impulse im Kulturtourismus, Wiesbaden
Der umfangreiche Sammelband vermittelt einen guten Überblick über aktuelle kulturtouristische Themen aus Forschung und Praxis (Qualitätsmanagement, Kooperationen, Personalpolitik, Markenbildung, *Best-Practice*-Beispiele etc.).

2 Strategisches Management von Kulturanbietern im Tourismus: Zielsetzung und Positionierung

Mit seinen anspruchsvollen Konsumenten, der wachsenden Zahl von Wettbewerbern und erheblichen Interessengegensätzen zwischen den Akteuren stellt der Tourismusmarkt für Kultureinrichtungen generell ein kompliziertes Geschäftsfeld dar.

Wer sich erfolgreich auf diesem Markt behaupten will, darf nicht in einen konzeptionslosen Aktionismus verfallen (z. B. in Form von einzelnen Events oder unkoordinierten Werbemaßnahmen). Stattdessen sollte er zunächst seine Fähigkeiten und Potenziale realistisch einschätzen, um auf dieser Basis klare Orientierungsgrößen für seine Arbeit bestimmen zu können.

Bestandsaufnahme, Formulierung von Zielvorstellungen sowie eine mittel- bis langfristige Denkweise sind zentrale Bestandteile des *strategischen Managements* von Kulturanbietern im Tourismus. Dabei geht es um die Beantwortung mehrerer grundsätzlicher Fragen (vgl. Abb. 12):
- Wie verstehen wir unsere Arbeit als Kultureinrichtung?
- Welche Ziele verfolgen wir mit unserer Arbeit?
- Wie wollen wir uns auf dem kulturtouristischen Markt positionieren?
- Welche Märkte und Besuchergruppen wollen wir ansprechen?
- In welche Richtung wollen wir uns künftig entwickeln?

Das strategische Management basiert auf einer *umfassenden Untersuchung der aktuellen Marktsituation*; zu deren inhaltlichen Schwerpunkten gehört – neben einer selbstkritischen Bestandsaufnahme des eigenen Kulturbetriebs – vor allem die Analyse der unterschiedlichen externen Anspruchsgruppen: Besucher, Wettbewerber, Kooperationspartner, Politiker etc. (→ 1).

Gleichzeitig fungiert das strategische Management aber auch als Grundlage des künftigen *operativen Managements*; dieses umfasst einerseits die Auswahl und den Einsatz der Instrumente des Marketing-Mix (Leistung, Preis, Distribution, Kommunikation) und andererseits Fragen der Organisation, Koordination und Erfolgskontrolle.

Das strategische Management einer Kultureinrichtung hat immer eine *mittelfristige Perspektive*, die weit über das Tagesgeschäft oder die Durchführung einzelner Sonderveranstaltungen hinausreicht. Umso wichtiger ist, dass diese Leitlinien der eigenen Arbeit nicht allein von den Führungskräften festgelegt werden. Um einen einheitlichen und schlagkräftigen Auftritt nach außen zu gewährleisten, sollten die Ziele und Perspektiven vielmehr in einem intensiven Dialog *gemeinsam mit allen Mitarbeitern* entwickelt werden.

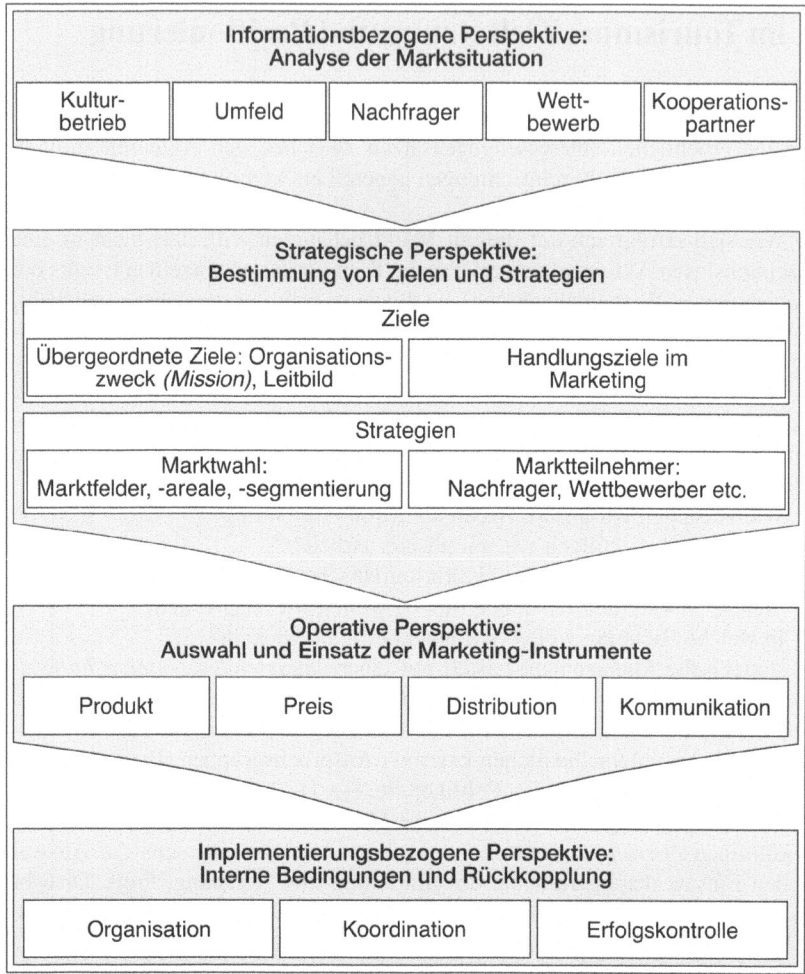

Abb. 12: Der gesamte Management- und Marketingprozess besteht aus mehreren Arbeitschritten – von der Analyse der aktuellen Marktsituation über die Bestimmung von Zielen und Strategien bis hin zur Umsetzung (Marketing-Mix) und zur Kontrolle.

2.1 Normatives Management: Vision und Leitbild

> „*To be a world-class leisure attraction striving to provide excellent exhibits of animals displayed in their natural environments, for the purpose of recreation, education and conservation.*"
> Mission Statement des „Singapore Zoo"

Das normative Management hat vor allem einen qualitativen Charakter: Es geht darum, generelle Zielvorstellungen zu entwickeln, die Unternehmens- bzw. Organisationsphilosophie festzulegen und Stil sowie Verhaltensweisen der Institution zu definieren. Wichtige Bestandteile dieser Unternehmens- bzw. Organisationskultur sind dabei die Vision und das Leitbild.

2.1.1 Vision

Unter einer Vision wird das anschauliche Wunschbild *der* Zukunft verstanden, die vom Führungsteam und den Mitarbeitern einer Kultureinrichtung angestrebt wird. Im Gegensatz zu einer vagen Utopie besteht eine Vision aus strukturierten Überlegungen, die schriftlich formuliert werden. Vorbilder für Kultureinrichtungen sind dabei große Unternehmen, die ihr Selbstverständnis, ihre Leitmotive und ihre Ziele häufig als knappes *Vision Statement* oder *Mission Statement* auf ihren Homepages bzw. im Eingangsbereich ihrer Verwaltungsgebäude platzieren.

Aufgrund dieser zukunftsorientierten Festlegung löst die Vision bereits in der Gegenwart eine Veränderung im alltäglichen Handeln aus. Sie dient dazu:
- verkrustete Strukturen und Denkweisen aufzubrechen,
- vorhandene Selbstzufriedenheit abzubauen,
- eine anhaltende Aufbruchstimmung bei allen Akteuren zu erzeugen,
- neue Horizonte der Zusammenarbeit aufzuzeigen.

Darüber hinaus kann die Vision dazu genutzt werden, unterschiedliche Zielvorstellungen innerhalb einer Kultureinrichtung aufeinander abzustimmen und neue Richtungen vorzugeben (vgl. Eckrich 2005).

Im Sinne einer Orientierung auf den Tourismusmarkt ist es dabei wichtig, dass neben einrichtungsinternen Zielvorstellungen (zu künftigen Forschungs- und Tätigkeitsschwerpunkten, zur Qualität der Präsentationen und des pädagogischen Programms, zur Verbesserung des Services etc.) auch die *eigene Rolle im touristischen Kontext* reflektiert wird. Auf einer solchen Grundlage können Kultureinrichtungen als selbstbewusste Partner in einen Dialog mit Partnern aus Wirtschaft, Politik und Gesellschaft treten:
- In der Vision des *„Ozeaneum – Deutschen Meeresmuseums"* in Stralsund findet sich z. B. die Aussage: „Das Museum bereichert die Hansestadt Stral-

sund und Mecklenburg-Vorpommern um eine Besucherattraktion. Es stärkt die einheimische Wirtschaft und schafft ein interessantes Freizeitangebot auch für die Vor- und Nachsaison sowie für Schlechtwettertage" (Deutsches Meeresmuseum 2011).

- Auch die *"Gedenkstätte Seelower Höhen"* hat in ihren Zielvorstellungen den touristischen Aspekt ihrer Arbeit berücksichtigt: „Wir leisten als eine der wichtigsten touristischen Attraktionen im Osten des Bundeslandes Brandenburg einen großen Beitrag zur Erhöhung des Bekanntheitsgrades des Landkreises Märkisch-Oderland weit über die nationalen Grenzen hinaus. Wir stärken als weicher Standortfaktor die wirtschaftliche Gesamtsituation des Landkreises" (www.gedenkstaette-seelower-hoehen.de).

Praxisbeispiel Vision: Masterplan Worpswede (2010-2013)

„Was soll mit dem Masterplan erreicht werden? Unsere Vision und Positionierung:
2014 ist Worpswede...
- ein Gesamt-Ensemble profilierter Museen und Ausstellungshäuser,
- ein Künstlerdorf mit kulturellem Erbe und hochwertiger aktueller Kunst,
- ein architektonisches Erlebnis mit außergewöhnlichen, intakten Bauwerken,
- ein attraktiver Naturraum mit inspirierender Landschaft, Gärten und Parks,
- ein vielfältiges kulturtouristisches Highlight mit hoher Aufenthalts- und Servicequalität,
- ein professionell gemanagter Kulturort mit einer gemeinsamen Premium-Strategie nach innen und nach außen.

Mit anderen Worten: 2014 ist Worpswede
... das *Künstlerdorf!"* (Jäger 2011)

2.1.2 Leitbild

Das Leitbild stellt eine *handlungsorientierte Konkretisierung der Vision* dar; es beschreibt den institutionellen Rahmen, in dem sich die zielorientierten Aktivitäten des Führungsteams und der Mitarbeiter bewegen sollen. Außerdem gibt es Auskunft über die Maßnahmen, die notwendig sind, um diese Ziele zu erreichen

Strategisches Management 45

(allerdings muss angemerkt werden, dass die Trennlinie zwischen Vision und Leitbild in der Praxis teilweise recht unscharf ist).

Ein zeitgemäßes Leitbild sollte *Aussagen zu folgenden Aspekten einer Kultureinrichtung* beinhalten (vgl. Hausmann 2011, 47):
- den Charakter und die primären Leistungen der Institution,
- die zentralen Aufgaben der Institution,
- die Art und Weise, wie die Beteiligten miteinander arbeiten wollen,
- welche Zielgruppen mit dem kulturellen Angebot erreicht werden sollen.

> **Praxisbeispiel Leitbild: „Museum für Völkerkunde" in Hamburg**
>
> In einem intensiven Arbeitsprozess haben die Mitarbeiter des Museums für Völkerkunde folgendes Leitbild entwickelt:
> - „Wir haben Respekt vor allen Kulturen. Wir verschaffen allen Kulturen Respekt.
> - Wir sind ein lebendiges Museum, das mit vielfältigen Aktivitäten alle Sinne anspricht.
> - Wir bieten ein Forum für den partnerschaftlichen Austausch zwischen Menschen aller Kulturen.
> - Als Welt-Kultur-Archiv sammeln, bewahren und erschließen wir Zeugnisse aller Kulturen, um sie zugänglich zu machen.
> - Unsere Objekte in ihrer Qualität und Einzigartigkeit sind die unverzichtbare Grundlage unserer gesamten Arbeit.
> - Wir bieten wissenschaftlich fundierte, verständliche Informationen unter partnerschaftlicher Einbeziehung der Eigensicht der jeweiligen Kultur.
> - Mit einem qualitätvollen, attraktiven und breit gefächerten Ausstellungs- und Veranstaltungsangebot wenden wir uns an viele unterschiedliche Zielgruppen.
> - Bei unseren vielfältigen Aktivitäten fühlen wir uns dem Bezug zur Aktualität verpflichtet.
> - Der wirtschaftliche Einsatz und der Ausbau unserer Ressourcen sind wichtige Bestandteile unserer Arbeit.
> - Wir sorgen dafür, dass unsere Besucher sich bei uns wohl fühlen und die Nutzer unserer sonstigen Angebote mit uns zufrieden sind" (www.voelkerkunde-museum.com).

Die Formulierung einer Vision und die Erarbeitung eines Leitbildes gehören zu den *strategischen Hausarbeiten*, die von Kultureinrichtungen erledigt werden sollten. Im Falle einer angestrebten stärkeren Tourismusorientierung besteht für

Kulturakteure darüber hinaus die Notwendigkeit, an der *Entwicklung lokaler bzw. regionaler Tourismus-Leitbilder* mitzuwirken.

Angesichts des wachsenden Wettbewerbs auf dem internationalen Tourismusmarkt hat in den letzten Jahren eine *zunehmende Professionalisierung der Arbeit von Städten und Regionen* stattgefunden; das bisherige Verwaltungsdenken wird immer mehr durch eine konsequente Markt- und Kundenorientierung ersetzt (diese Entwicklung spiegelt sich u. a. in der Umwandlung der öffentlichen Fremdenverkehrsämter bzw. -vereine in privatwirtschaftlich organisierte Gesellschaften mit beschränkter Haftung wider).

Immer mehr touristisch geprägte Städte und Regionen verstehen sich inzwischen als *Destination* – darunter wird eine „Wettbewerbseinheit im Incoming-Tourismus [verstanden], die als strategische Geschäftseinheit geführt werden muss" (Bieger 2008, 56). Die Arbeit dieser Destinationen und speziell der verantwortlichen Tourismusorganisationen (*Destination Management Companies*) basiert zumeist auf Marketing-Konzepten, die – neben handlungsorientierten Aussagen zu Märkten und Zielgruppen sowie zum Marketing-Mix – auch jeweils eine *Vision* und ein *Leitbild* beinhalten.

Bei der Entwicklung von Destinations-Leitbildern handelt es sich um einen öffentlichen Prozess, an dem nicht nur interessierte Bürger, sondern vor allem die *tourismusrelevanten Akteure* beteiligt werden – also Hoteliers, Pensionsinhaber und Vermieter von Privatzimmern, Gastronomen, Besitzer von Verkehrsbetrieben, Geschäftsführer von Besucherattraktionen und eben auch Führungskräfte von Kultureinrichtungen (denn die Kultur stellt für Destinationen eine authentische und damit nicht substituierbare touristische Ressource dar; vgl. Abb. 13).

Für Kulturanbieter bietet die aktive Mitarbeit an der Entwicklung des Destinations-Leitbilds deshalb zweierlei Chancen: Einerseits kann den anderen Akteuren die *große Bedeutung der Kultur als touristische Ressource* vermittelt werden, andererseits aber auch deren *besondere Interessenlage* – eine unkontrollierbare Kommerzialisierung zu verhindern und das kulturelle Erbe für künftige Generationen zu bewahren (→ 1.3).

Entsprechende Ziele sind z. B. im Tourismusleitbild der Sächsischen Schweiz formuliert worden: „Die Kultur ist wesentlicher Bestandteil des täglichen Lebens in der Sächsischen Schweiz. Wir erhalten uns bewusst unser Brauchtum und die alten Traditionen und legen eine besondere Sorgfalt auf den Schutz unserer zahlreichen Kulturgüter" (Tourismusverband Sächsische Schweiz o. J., 18).

Strategisches Management

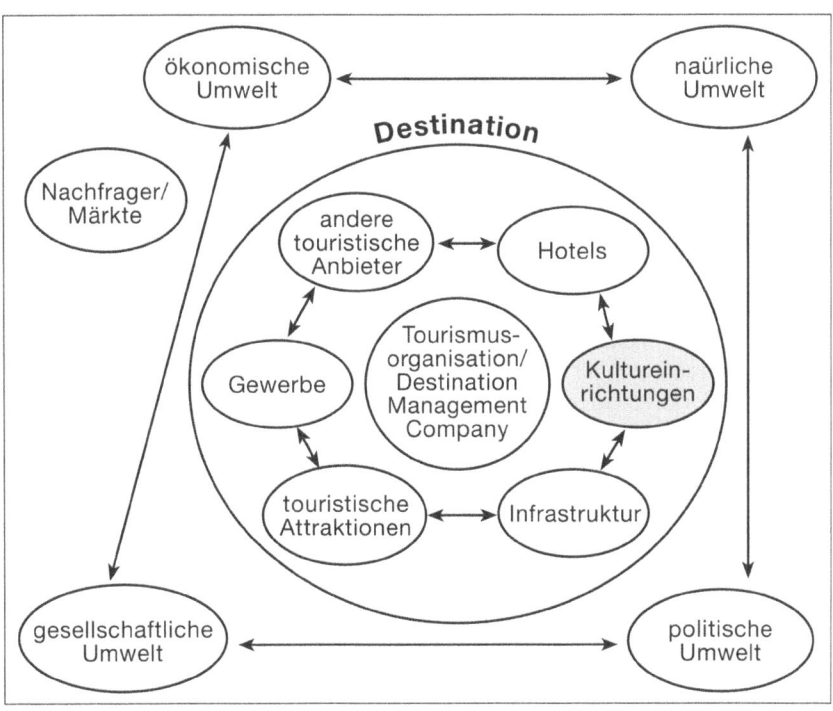

Abb. 13: An der Angebotsentwicklung einer Tourismusdestination sind zahlreiche Akteure beteiligt. Um ihre spezifischen Interessen zu vertreten, sollten Kultureinrichtungen eng mit der verantwortlichen Tourismusorganisation (Destination Management Company) kooperieren – u. a. durch eine Mitarbeit an der Entwicklung des Destinations-Leitbilds.

Die schriftlich fixierten Leitbilder dienen allen Akteuren in einer Destination mittelfristig als *verbindlicher Maßstab für die praktische Arbeit*; speziell bei umstrittenen Projekten (z. B. Ansiedlung von Freizeitgroßprojekten, Durchführung von Mega-Events) können sich die Betroffenen auf die generellen Ziele beziehen, die bei der Erarbeitung des Leitbilds vereinbart worden sind (vgl. Bratl/Bartos 2011 zu Fallbeispielen eines strategischen Managements von Kulturdestinationen – z. B. RUHR.2010 – Kulturhauptstadt Europas, Vorarlberg, Glasgow).

2.2 Positionierung von Kulturangeboten

> „In der Zukunft, die von der Aufmerksamkeitsgesellschaft geprägt sein wird, reicht Qualität allein nicht aus, um im Verdrängungswettbewerb den Unternehmenserfolg zu sichern. Wer nicht auffällt, fällt weg."
>
> Hermann Scherer, Wirtschaftsexperte

Deutschland ist ein Kulturland – mit mehr als 6.000 Museen, 400 Opern- und Theaterhäusern, über 100 Sinfonieorchestern und jährlich ca. 10.000 Sonderausstellungen. Darüber hinaus gibt es ein breites Angebot an Burgen, Schlössern, Klöstern, Gartenanlagen, Zoologischen Gärten etc., aber auch an Literatur- und Musikfestivals, Volksfesten, Jahrmärkten und Brauchtumsveranstaltungen. Für die kulturinteressierten Urlauber ist es also nicht leicht, sich auf diesem *unübersichtlichen Markt* zu orientieren und sich – angesichts ihres knappen Zeit- und Geldbudgets – für das Passende zu entscheiden.

Gleichzeitig stehen die Kultureinrichtungen vor der enormen Herausforderung, in diesem *nahezu ubiquitären Angebot* von den potenziellen Kunden überhaupt wahrgenommen zu werden – und diese dann davon zu überzeugen, dass sie die richtige Wahl als Ausflugsziel darstellen. Eine erfolgreiche Positionierung basiert auf zwei Grundprinzipien:

- Zum einen müssen die Kultureinrichtungen ein *klares und attraktives Profil* aufweisen, das den Kunden einen besonderen Nutzen verspricht – z. B. ungewöhnliche Erlebnisse, neue (Lern-)Erfahrungen, ungezwungene Gesellschaft bzw. eine angenehme Atmosphäre.
- Zum anderen sollten sich Kultureinrichtungen mit Hilfe von *Alleinstellungsmerkmalen* von anderen öffentlichen und privaten Wettbewerbern deutlich abgrenzen – z. B. durch eine spektakuläre Architektur, einzigartige Exponate bzw. ein besonders spannendes Führungsprogramm. Diese *Unique Selling Propositions* bieten ihnen die Möglichkeit, aus der breiten Masse des Kulturangebots wie weithin sichtbare Leuchttürme herauszuragen.

Grundsätzliches Ziel von Kultureinrichtungen sollte es sein, einen Weg aus dem gesättigten Käufermarkt zurück zum *knappen Verkäufermarkt* zu finden, in dem sie – als Anbieter – wieder die Regeln bestimmen. Dieses Ziel können sie aber nur erreichen, wenn sie ihr Produkt so attraktiv gestalten, dass es von den Kunden begehrt wird. Dazu stehen den Kulturakteuren mehrere *Instrumente des Begehrens- bzw. Kult-Marketing* zur Verfügung (vgl. Steinecke 2007, 26):

- das *Spektakel* als Leitidee des Angebots,

- eine durchgängige Regie im Sinne eines *Gesamtkunstwerkes* (Schaffung thematischer „Welten" durch Inszenierungstechniken – z. B. Architektur, Interieur, *Cast Members*, Musik/Geräusche, Gerüche etc.),
- *bekannte Akteure* als PR-Leitfiguren und auch als *Testimonials* für die hohe Qualität des kulturellen Angebots (vgl. Abb. 14),

Abb. 14: Ein erfolgreiches Beispiel für den Einsatz von Testimonials im Kulturmanagement ist die Reihe „Marburger Prominente führen ihr Lieblingsbild", die in den letzten Jahren vom „Museum für Kunst und Kulturgeschichte" organisiert wurde (hier präsentiert der frühere Kanzler der Universität Marburg Bernd Höhmann ein Werk des Künstlers Harald Häuser).

- *vielfältiger Multimedia-Einsatz* bei der Informations- und Erlebnisvermittlung (Aktivierung mehrerer Sinne durch Personen bzw. technisches Equipment),
- *multifunktionale Angebote*: Ausstellung/Aufführung + Vorprogramm + Konsumbereiche (*Merchandising*-Produkte, kulinarische Angebote) + ungewöhnliche *Locations* als Schauplatz/Bühne + Ausgangspunkt für Routen/Touren,

- hierarchisierte Stufen des Zugangs im Sinne *neuer Privilegien* (z. B. Lounges für Sponsoren und Mitglieder; Abendempfänge in historischen Sälen, Schlössern und Museen).

Darüber hinaus spielt die *Kommunikationspolitik* in der medialisierten Aufmerksamkeitsgesellschaft eine zentrale Rolle. Durch entsprechende Werbe- und PR-Maßnahmen kann den Konsumenten das Gefühl vermittelt werden, dass es sich um ein besonders knappes *„Once in a lifetime"-Angebot* handelt, das sie unter keinen Umständen verpassen dürfen (deutliche Indikatoren für den Erfolg dieser Vorgehensweise sind z. B. die langen Besucherschlangen vor den Mega-Sonderausstellungen).

Aus diesen Grundprinzipien des Begehrens- und Kult-Konsums lassen sich für Kultureinrichtungen mehrere *Erfolgsstrategien der Positionierung und Profilierung* ableiten; dazu zählen (vgl. Abb. 15):
- die *Thematisierung (→ 2.2.1)*,
- die *Vernetzung (→ 2.2.2)*,
- die *Limitierung (→ 2.2.3)*,
- die *Filialisierung (→ 2.2.4)*.

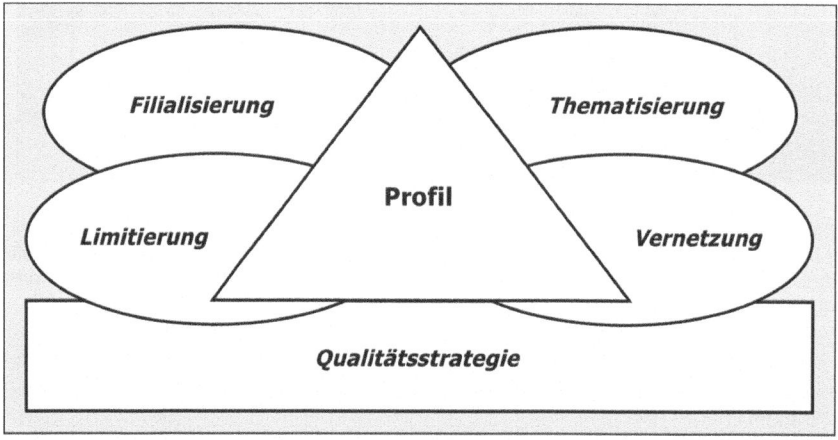

Abb. 15: Um ihr Profil zu schärfen und öffentliche Aufmerksamkeit zu erzeugen, können Kultureinrichtungen auf mehrere Strategien der Positionierung zurückgreifen: die Thematisierung des eigenen Angebots, die Vernetzung mit anderen Partnern, die zeitliche oder räumliche Limitierung sowie die Schaffung von Filialen (ergänzend dazu sollten sie in jedem Fall eine Qualitätsstrategie verfolgen).

Strategisches Management 51

Diese Strategien können sich zeitlich überschneiden und auch inhaltlich ergänzen. Vor dem Hintergrund der zunehmenden Konkurrenz und der steigenden Ansprüche der Besucher spielt außerdem das *Qualitätsmanagement* eine immer wichtigere Rolle (→ 3.3).

2.2.1 Thematisierung von Kulturangeboten

> *„Sei es nun im Hotel, im Restaurant oder im Vergnügungspark, das Thema dient immer dazu, den Kunden seine eigene Identität vergessen zu lassen und eine ungewöhnliche Umwelt als die seine anzunehmen."*
> Ulrike Eske
> (Market Mentor Consulting, Wien)

Ein Heimatmuseum ist ein Heimatmuseum ist ein Heimatmuseum (um den berühmten Satz von Gertrude Stein zu variieren): Mit seinen üblichen Exponaten zur Lokalgeschichte scheint es allenfalls für die einheimische Bevölkerung von Interesse zu sein. Warum sollten sich auswärtige Gäste für einen Besuch entscheiden? Wie können die Verantwortlichen öffentliche Aufmerksamkeit erzeugen? Was kann das Museum tun, um sich von anderen Besucherattraktionen zu unterscheiden?

Vor diesen Fragen stehen nicht nur Heimatmuseen, sondern auch Kunstsammlungen, Burgen, Schlösser, Klöster und Gartenanlagen. Sicherlich gibt es keinen Königsweg der Profilierung, doch eine erfolgreiche Möglichkeit besteht darin, dass sich jede Kultureinrichtung auf ihre *thematischen Besonderheiten* besinnt – und zwar nicht aus Sicht der Verantwortlichen, sondern aus der Perspektive der potenziellen Besucher (in der Tourismusberatung wird diese zwingend notwendige Marktorientierung folgendermaßen auf den Punkt gebracht: „Das Heu muss der Kuh schmecken und nicht dem Bauern").

Erfahrungsgemäß stoßen folgende *Themen* bei einem breiteren Publikum auf besonders großes Interesse:
- *Leben und Wirken berühmter Persönlichkeiten*: „Die aufregendste Sehenswürdigkeit für Menschen ist immer noch der Mensch" – nach diesem Motto können Kultureinrichtungen bedeutende Künstler und wichtige Personen der (Zeit-)Geschichte, aber auch Stars der Pop-Kultur in den Mittelpunkt ihrer Arbeit stellen.
- *Historische Ereignisse und kunstgeschichtliche Epochen*: Aus touristischer Sicht sind vor allem spektakuläre Geschehnisse von Interesse (Kongresse, Schlachten, Hochzeiten etc.), die eine große politische Bedeutung hatten oder mit denen ungewöhnliche Geschichten verbunden sind (*Storytelling-*

Prinzip). Ähnliches gilt für das kunstgeschichtliche Erbe, bei dessen Vermittlung auf das Neuartige und Herausragende abgehoben werden sollte.
- *Thematisierung durch lokale bzw. regionale Besonderheiten*: Schließlich kann eine Thematisierung des Angebots dadurch erfolgen, dass lokale bzw. regionale Besonderheiten aus Musik, Architektur oder Wirtschaft herausgestellt werden (antike Relikte, ländliches Brauchtum, typische Agrarprodukte, industriekulturelles Erbe etc.).

Thematisierung durch Ausstellungen und Jahreskampagnen

Solche Besonderheiten können (zumindest temporär) als Thema in den Mittelpunkt des Managements und Marketings von Kulturanbietern gestellt werden – z. B. in Form von *Ausstellungen*, *Jahreskampagnen* und *Themenrouten* (→ 2.2.2).

Als besonders erfolgreich haben sich für einzelne Kultureinrichtungen dabei zeitlich befristete *Sonderausstellungen und Sonderaktionen* erwiesen, bei denen das ständige Angebot (möglicherweise ergänzt durch Leihgaben) unter einem speziellen Thema neu präsentiert wird (vgl. Steinecke 2007, 130-131):
- Vorreiter dieser Entwicklung war das *„Roemer- und Pelizaeus-Museum"* in Hildesheim, das bereits seit den 1970er-Jahren Sonderausstellungen zu unterschiedlichen Themen veranstaltet hat. Als Besuchermagneten erwiesen sich „Echnaton – Nofretete – Tutanchamun" (1976: 380.000 Besucher) und „Die Welt der Maya" (1992: 205.000 Besucher). Mit diesen Ausstellungen wurde das Museum auf nationaler und internationaler Ebene bekannt.
- In Paderborn fand im Jahr 1999 die *Ausstellung „799 – Kunst und Kultur der Karolingerzeit. Karl der Große und Papst Leo III. in Paderborn"* statt. Von den ca. 300.000 Besuchern reiste jeder Vierte über eine Distanz von mehr als 200 km an.
- Mit der Ausstellung „Auf Augenhöhe" hat die *„Kunsthalle Emden"* im Jahr 2011 speziell Kinder im Alter von zwei bis sechs Jahren angesprochen. In einem Raum wurden Kunstwerke aus der „Sammlung Nannen" auf Augenhöhe der Kinder gehängt; auf diese Weise sollten sie angeregt werden, sich gemeinsam mit ihren Eltern spielerisch mit Malerei auseinander zu setzen (vgl. VGH Stiftung, Pressemitteilung vom 14.07.2011).

Auch auf *nationaler Ebene* finden sich Beispiele für diese Strategie der Thematisierung des kulturellen Angebots:
- So sind auf der Homepage des „Deutschen Museumsverzeichnisses" sieben Ideen für Museumsbesuche zusammengestellt worden – zu den Themen „Abenteuer unterm Dach", „Aufregend unsichtbar", „Engel, Götter und

Heilige", "Exotische Kulturen", "Kindermuseen", "Märchenhafte Familientage" und "Museen zum Genießen" (vgl. www.deutsche-museen.de).
- Die "Deutsche Zentrale für Tourismus" (DZT), die im Auftrag der Bundesregierung für das Reiseland Deutschland im Ausland wirbt, arbeitet seit langem mit dem Konzept der Themenjahre. Durch eine Bündelung regionaler Angebote und durch spezielle Werbemaßnahmen wird der Fokus der internationalen Aufmerksamkeit in diesen Kampagnen jeweils auf Besonderheiten der Destination Deutschland gelenkt. Dabei steht auch das kulturelle Erbe immer wieder im Mittelpunkt – z. B. "Musikland Deutschland" (2004), "Schlösser, Parks und Gärten – Romantisches Deutschland" (2008) oder "Kulturstädte Deutschlands" (2010). Für Kultureinrichtungen stellen die Themenjahre eine Möglichkeit dar, sich im Verbund mit anderen Akteuren auch auf Auslandsmärkten erfolgreich zu positionieren (vgl. www.germany.travel/de).

Thematisierung durch Gästeführungen

Eine Thematisierung von Kultureinrichtungen kann aber nicht nur in Jahreskampagnen und Sonderausstellungen stattfinden, sondern auch in der täglichen Arbeit – z. B. durch ein *differenziertes Angebot an Gästeführungen*. Neben den üblichen Überblicksführungen, die vor allem für Erstbesucher von Interesse sind, können Führungen zu speziellen Themen konzipiert werden. Auf diese Weise werden unterschiedliche Alters- und Neigungsgruppen angesprochen (und damit neue Märkte erschlossen); außerdem wird ein Anreiz geschaffen, die bereits bekannte Kultureinrichtung erneut zu besuchen.

Praxisbeispiel Thematisierung von Kulturangeboten:
Hohenzollern-Schloss Sigmaringen

Bereits seit dem 19. Jahrhundert werden Führungen durch das Hohenzollern-Schloss in Sigmaringen angeboten. Im Laufe der Zeit ist das Angebot immer differenzierter geworden. Neben den täglichen Schlossführungen gab es im Jahr 2011 ein breites Spektrum an thematischen Erlebnisführungen für unterschiedliche Zielgruppen – hier eine Auswahl (vgl. Bartha 2011; Abb. 16):

Abb. 16: Neben den täglichen Rundgängen bietet das Hohenzollern-Schloss Sigmaringen auch mehrere thematische Erlebnisführungen für unterschiedliche Zielgruppen an – z. B. die populäre Führung „Unsere Kammerzofen und Kammerdiener erwarten Sie", bei der die Besucher die Welt des Adels aus der Sicht der Bediensteten kennenlernen.

Schlosseinblicke
- ... aufgeschlossen! Ein Blick hinter die Kulissen
- Schattenseiten eines Schlosses

Fürstlicher Alltag
- Männersache! – Kleine Geschichten von großen Herren
- Unsere Kammerzofen und Kammerdiener erwarten Sie

Aus den Sammlungen
- Waffen aus vielen Jahrhunderten
- Fürst Karl Anton von Hohenzollern – Politiker, Patriarch und Mäzen

Raumkunst und Technik
- Als die Tapisserie das Schloss eroberte
- Macht und Zeitgeist – Architektur als Spiegel des höfischen Lebens

Gaumenfreuden
- Fürstliche Leidenschaften – Tafelfreuden und Tischsitten an den hohenzollerischen Höfen
- Gaumenfreuden und Küchenlatein aus der alten Stadtküche

Familienführungen
- Schlossführung für Teenager
- Den eigenen Glauben im Kunstmuseum erleben

Themen- und Rätselführungen für Kinder
- Gespenstische Zeiten
- Riechen, Tasten, Raten auf Schloss Sigmaringen
- Schloss-Detektive gesucht! (Hohenzollern-Schloss Sigmaringen: Schlosserlebnisse 2011).

Thematisierung durch interne Gliederung in „Welten"

Ein weitere, recht aufwändige Form der Thematisierung von Kultureinrichtungen ist die *Gliederung in einzelne thematische Mikrowelten*, in denen die Exponate mit Hilfe diverser Inszenierungstechniken in ihrem zeit-, kultur- bzw. naturgeschichtlichem Umfeld präsentiert werden (vgl. Steinecke 2009, 24, 83-86):
- Erste Ansätze derart inszenierter Themenwelten gab es bereits auf den *Weltausstellungen*, die seit Mitte des 19. Jahrhunderts zunächst in Europa und später auch auf anderen Kontinenten stattfanden. Die Besucher konnten sich dort nicht nur über neue technische Produkte informieren, sondern auch exotische Szenarien bewundern – z. B. den ägyptischen Tempel von Edfu (Paris 1867), eine originalgetreue Straße aus Kairo (Paris 1889) oder ein kongolesisches Dorf samt seinen Bewohnern (Antwerpen 1894).

- Auf solchen europäischen Ideen basiert auch das Konzept der Themenparks, das *Walt Disney* seit den 1950er-Jahren entwickelt hat. Er gliederte sein „Magic Kingdom" in unterschiedliche „Welten" („Frontierland", „Adventureland", „Tomorrowland" etc.), deren jeweiliges Thema mit Hilfe von Kulissenarchitektur, Pflanzen, Musik und Animateuren perfekt inszeniert wurde. Sein Ziel war es dabei, den Besuchern die Illusion zu vermitteln, sich für einen Tag in anderen Zeiten und fernen Kulturräumen aufhalten zu können.

Dieses Grundprinzip der Thematisierung, das zunächst von kommerziellen Freizeitunternehmen umgesetzt wurde, ist inzwischen auch von *einigen öffentlichen und privaten Kultureinrichtungen in Deutschland* aufgegriffen worden:

- Zu den erfolgreichen Beispielen einer Thematisierung zählt der *„Erlebnis-Zoo Hannover"*. Nach dem Vorbild von Themenparks wurde er in den letzten Jahren in mehrere „Welten" gegliedert: „Sambesi", „Gorillaberg", „Yukon Bay" u. a. (vgl. Abb. 17). Dort wird den Besuchern mit Hilfe zahlreicher Inszenierungstechniken die Illusion vermittelt, die Tiere in ihren natürlichen Lebensräumen beobachten zu können (vgl. www.zoo-hannover.de).
- Im *„Mercedes-Benz Museum"* in Stuttgart gibt es – neben der Ausstellung von Fahrzeugen – auch sieben „Mythosräume" zur Geschichte des Automobils. Sie sind vom Tageslicht abgeschirmt; durch Dunkelheit und künstliches Licht wird eine Art Theaterbühne geschaffen, auf der die Exponate effektvoll präsentiert werden. Zu den Inszenierungstechniken gehört auch eine Duftinstallation: Um den Besuchern den typischen Geruch einer Autowerkstatt zu Beginn des 20. Jahrhunderts zu vermitteln, wird mit Hilfe spezieller Düsen ein öliger Alteisen- und Gummigeruch erzeugt (vgl. www. automuseumstuttgart.de).
- Im Rahmen der Neukonzeption des *„Rautenstrauch-Joest-Museum – Kulturen der Welt"* in Köln wurde auf die traditionelle Darstellung in Form geographischer Großräume verzichtet. Stattdessen werden die Besucher auf dem Themenparcours „Der Mensch in seinen Welten" durch das Museum geführt; zu den Themenwelten gehören u. a. „Der verstellte Blick: Vorurteile", „Der Körper als Bühne: Kleidung und Schmuck" oder „Der inszenierte Abschied: Tod und Jenseits" (vgl. www.museenkoeln.de/rautenstrauch-joest-museum).

Eine Thematisierungsstrategie kann prinzipiell von jedem Kulturbetrieb umgesetzt werden. Selbst kleinere Einrichtungen können damit – zumindest im lokalen bzw. regionalen Einzugsbereich – Aufmerksamkeit erzeugen und sich neu positionieren.

Für einen Auftritt auf dem nationalen bzw. internationalen Tourismusmarkt gelten hingegen höhere Anforderungen: Dort sollten Kultureinrichtungen über

Strategisches Management

einzigartige Exponate bzw. Sammlungen verfügen, die bei einem breiten Publikum auf Interesse stoßen. Falls diese Voraussetzung nicht erfüllt wird, besteht die Möglichkeit, mit anderen Akteuren aus Kultur, Gesellschaft und Tourismusbranche zusammenzuarbeiten (z. B. im Rahmen der Themenjahre der „Deutschen Zentrale für Tourismus"). Durch eine derartige *Vernetzung* ist es möglich, gemeinsam ein eigenständiges Angebot zu schaffen, das sich auf dem Markt als wettbewerbsfähig erweist.

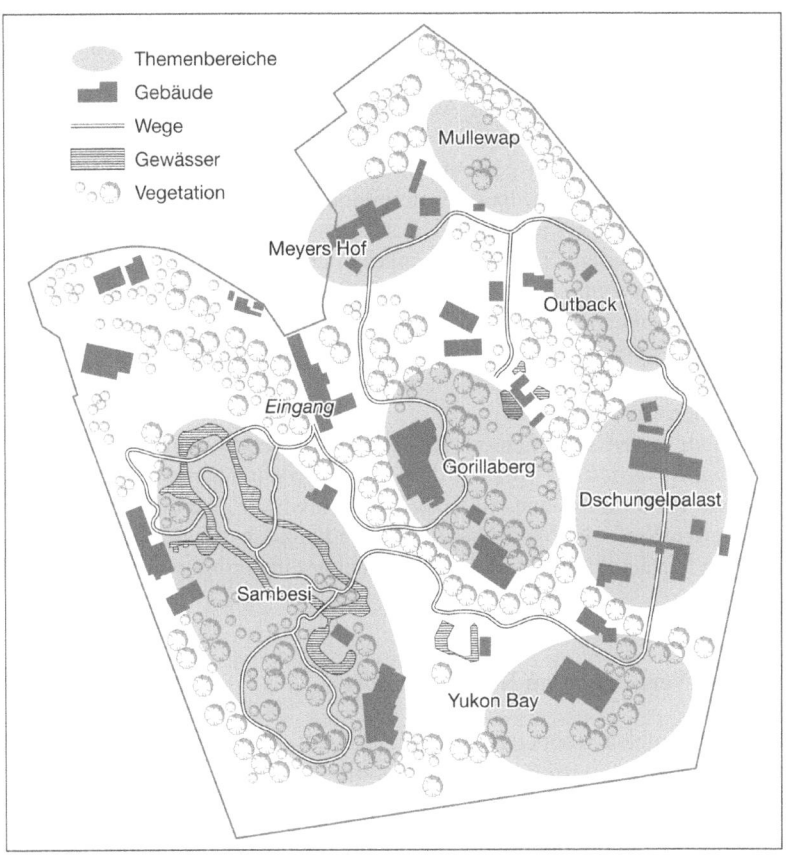

Abb. 17: Der „Erlebnis-Zoo Hannover" war in Deutschland ein Vorreiter bei der thematischen Gliederung und erlebnisorientierten Gestaltung von Zoologischen Gärten. Die Tiere werden nicht mehr isoliert in einzelnen Gehegen und Käfigen präsentiert, sondern in thematisch gestalteten „Welten", die den natürlichen Lebensräumen entsprechen.

2.2.2 Vernetzung von Kulturangeboten

> „Some animals survice by speed or power, some do it by numbers."
> Ranger-Weisheit in afrikanischen Nationalparks

Was für Löwen und Zebras gilt, trifft – in einem übertragenen Sinne – auch auf Schlösser, Museen und Gartenanlagen zu: Einige sind aufgrund ihrer Größe bzw. Attraktivität fit, sich alleine auf dem Markt zu behaupten; kleinere und weniger attraktive Kultureinrichtungen sollten sich zusammenschließen, um im Wettbewerb bestehen zu können. Für sie bieten Netzwerke und Kooperationen mehrere *Chancen* (vgl. Föhl/Pröbstle 2011, 120-124):

- *Kräfte bündeln* – durch den Austausch materieller Ressourcen (Gebäude, Geräte etc.) sowie immaterieller Ressourcen (Know-how, Reputation etc.);
- *Kosten senken* – durch gemeinsamen Einkauf von Materialien oder durch koordinierte Marketing- bzw. Weiterbildungsmaßnahmen;
- *Mehrwert schaffen* – durch die Kreation eines innovativen, attraktiven Produkts, mit dem neue Zielgruppen angesprochen werden;
- *frischen Wind entfachen* – durch den Dialog mit Akteuren, die andere Ziele und Arbeitsabläufe haben;
- *Zukunft sichern helfen* – durch die Vernetzung mit Akteuren aus Wirtschaft, Politik und Verwaltung, die als Partner für die künftige Förderung der Kultur gewonnen werden können.

Grundsätzlich lassen sich mehrere Arten der Netzwerkbildung unterscheiden – die *horizontale Vernetzung* (bei der die Partner ein ähnliches Produkt anbieten), die *vertikale Vernetzung* (eine Allianz von Akteuren, die sich auf einer vor- bzw. nachgelagerten Stufe der Wertschöpfungskette befinden) sowie die *laterale Vernetzung* von Partnern, zwischen denen bislang nur ein geringer inhaltlicher Bezug bestanden hat.

Horizontale Vernetzung im Kulturtourismus

Bei den horizontalen Kooperationen arbeiten zwei oder mehrere Einrichtungen *innerhalb der Kulturwirtschaft* zusammen, die ein gleiches bzw. ähnliches Produkt anbieten (z. B. Opernhäuser oder Museen). Da sie in ihrer Zielsetzung, Arbeitsweise und Zielgruppenorientierung zahlreiche Gemeinsamkeiten aufweisen, sind einerseits erhebliche Synergiepotenziale vorhanden; andererseits stehen diese Kulturbetriebe aber auch in direktem Wettbewerb zueinander (zumindest wenn es sich um Netzwerke auf lokaler oder regionaler Ebene handelt). Solche Formen der *Coopetition* – also einer Mischung aus Konkurrenz und Kooperation

– können nur dann funktionieren, wenn alle Partner einen vergleichbar großen Aufwand haben und einen angemessenen Nutzen daraus ziehen.

Der Schwerpunkt der Zusammenarbeit liegt dabei zumeist in *gemeinsamen Kommunikationsmaßnahmen* – z. B. in Form von Homepages, Printmaterialien und Messeauftritten. Aufgrund der technischen Möglichkeiten des Internets werden in jüngerer Zeit auch zunehmend die Möglichkeiten des Direkt-Marketings genutzt (Tickets, Online-Shop etc.). Beispiele für horizontale Netzwerke sind u. a.:

- *Lokale Museums- und Kreativquartiere*: Seit seiner Eröffnung im Juni 2001 hat sich z. B. das *„MuseumsQuartier Wien"* (MQ) zu einem der weltweit größten Kunst- und Kulturareale entwickelt; jährlich verzeichnet es ca. 3,6 Millionen Besucher. Unter der Dachmarke „MQ" kooperieren u. a. die „Kunsthalle Wien", das „Leopold Museum" und das „Zoom Kindermuseum". Zu den gemeinsamen Aktivitäten gehört – neben der Internetpräsenz – auch der Betrieb eines eigenen Besucher- und Informationszentrums (vgl. www.mqw.at).
- *Regionale Museumsinitiativen:* Im Jahr 1999 haben sich zahlreiche ostwestfälische Akteure aus Kultur, Politik, Verwaltung und Tourismus in der *„Museumsinitiative in OWL"* zusammengeschlossen. Zentrale Ziele waren dabei u. a. eine verbesserte Zusammenarbeit der Museen, die Durchführung gemeinsamer Projekte sowie eine intensivere Kooperation mit anderen Kultursparten (vgl. www.museumsinitiative-owl.de). Zu den aktuellen Projekten gehört der Aufbau eines virtuellen Museums, in dem auch Exponate, die sich in den Depots befinden, im Internet präsentiert werden (vgl. www.museum-digital.de/owl).

Praxisbeispiel horizontale Vernetzung: „RuhrKunstMuseen"

Anlässlich der Jahreskampagne „RUHR.2010 – Kulturhauptstadt Europas" haben sich 20 Museen zu dem Netzwerk „RuhrKunstMuseen" zusammengeschlossen. Sammlungsschwerpunkt der beteiligten Häuser ist die Kunst des 20. Jahrhunderts; einige Museen verfügen aber auch über bedeutende Bestände der Kunst des 19. Jahrhunderts sowie der alten und außereuropäischen Kunst.

Während des Kulturhauptstadtjahres organisierten die Museen das Vermittlungsprojekt „Collection Tours" sowie die Ausstellungsreihe „Mapping the Region"; darüber hinaus wurde ein gemeinsamer Sammlungsführer publiziert.

Mit finanzieller Unterstützung des Landes Nordrhein-Westfalen wird diese Zusammenarbeit auch künftig fortgesetzt. Das Netzwerk ist mit einer eigenen Homepage im Internet vertreten; außerdem geben die „RuhrKunstMuseen" eine kostenlose Broschüre heraus, die einen kompakten Überblick über die Museumslandschaft im Ruhrgebiet vermittelt und Vorschläge für Museumstouren sowie praktische Informationen enthält. Mit Hilfe einer integrierten Stempelkarte werden die Besucher motiviert, mehrere Kunstmuseen kennenzulernen – als Belohnung erhalten sie anschließend ein kleines Präsent (vgl. www.ruhrkunstmuseen.de).

- *Lokale und regionale Museumcards:* Die *„Museumsufercard"* ermöglicht es den Gästen, ein Jahr lang 33 Museen in Frankfurt am Main und Umgebung zu besuchen (zum Pauschalpreis von 75 Euro). Neben dem Eintritt in Dauer- und Sonderausstellungen umfasst das Leistungsangebot auch den Besuch der „Nacht der Museen" und des „Museumsuferfestes" sowie den Bezug des vierteljährlich erscheinenden Kunstmagazins „art kaleidoscope" (vgl. www.museumsufercard.de).
- *Themenrouten:* Die *„Route der Industriekultur"* stellt einen Baustein innerhalb des systematischen Ausbaus der Tourismuswirtschaft im Ruhrgebiet dar. Sie besteht aus einem gestuften System unterschiedlicher Kultureinrichtungen – von eindrucksvollen Gebäuden und Relikten über Industrie- und Technikmuseen sowie Aussichtspunkte bis hin zu bedeutenden Siedlungen (vgl. Abb. 18). Das Angebot wird mit Hilfe eines professionellen Medienkonzepts kommuniziert: Es umfasst neben Printmedien (Karte, Reiseführer etc.) auch Informationsterminals in den Besucherzentren (vgl. www.route-industrie-kultur.de).

Was sind typische Merkmale einer Themenroute?

- eine bestimmte *Thematik*, die in der Bezeichnung der Route genannt wird,
- einen *festgelegter Weg*, der auf unterschiedliche Weise zurückgelegt werden kann (zu Fuß bzw. mit Verkehrsmitteln),
- mehrere *Stationen*, an denen die Thematik durch unterschiedliche Medien vermittelt wird (Informationstafeln, Broschüren etc.),
- die Möglichkeit der *individuellen Nutzung (Self-Guided Tour)* ohne zeitliche Einschränkungen und ohne Führungspersonal,
- eine *klare Routenführung* (Ausschilderung durch Wegweiser, Linien auf dem Bürgersteig etc.).

Strategisches Management

- *Internationale Netzwerke*: Im „*Europäischen Gartennetzwerk – Wege zur Gartenkunst*" (EGHN) arbeiten ca. 150 Gartenanlagen aus acht europäischen Ländern zusammen. Das gartenkulturelle Angebot der beteiligten Partner wird in Form von zwölf regionalen und fünf europäischen Routen präsentiert; außerdem vergibt das Netzwerk seit 2010 den „Europäischen Gartenpreis" (vgl. www.eghn.org).

Vertikale Vernetzung im Kulturtourismus

Für die Planung und Durchführung ihrer Reise nehmen Touristen generell ein *breites Bündel an Dienstleistungen* in Anspruch, die von unterschiedlichen Unternehmen und Institutionen erbracht werden; das Spektrum reicht von Reisebüros und Reiseveranstaltern über Hotels und Restaurants bis hin zu Freizeit- und Kultureinrichtungen. Erst durch die individuelle Auswahl der Konsumenten ergibt sich aus der Summe dieser Einzelleistungen das Gesamtprodukt „Urlaubsreise".

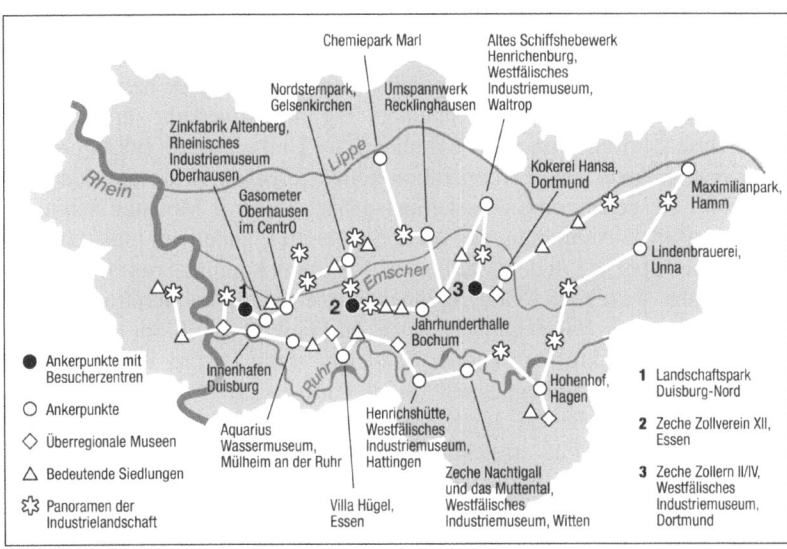

Abb. 18: Die „Route der Industriekultur" in Nordrhein-Westfalen ist ein erfolgreiches Beispiel für die regionale Vernetzung von Kultureinrichtungen; sie besteht aus einem hierarchischen System unterschiedlicher industriekultureller Attraktionen – von Ankerpunkten über Museen und Panoramen bis hin zu Arbeitersiedlungen.

Angesichts der breiten Reiseerfahrung (und auch zunehmenden Bequemlichkeit) sind die Ansprüche der Urlauber in den letzten Jahrzehnten gestiegen: Der einfache Verkauf von Eintrittskarten oder Sitzplätzen reicht längst nicht mehr aus; immer mehr Touristen erwarten ein *Angebot „aus einer Hand"* bzw. mindestens eine Kombination mehrerer Leistungen (Transport und Ticket; Übernachtung und Ticket etc.).

Für Kultureinrichtungen kommt es deshalb darauf an, sich in den gesamten Prozess der Leistungserstellung einzuklinken – durch eine *Zusammenarbeit mit Akteuren in den vor- und nachgelagerten Wertschöpfungsbereichen*. Diese vertikale Vernetzung „stellt die zentrale Verknüpfungsebene im Kulturtourismus dar" (Föhl/Pröbstle 2011, 128; vgl. auch Drda-Kühn/Wiegand 2011).

Eine vertikale Vernetzung kann dabei sowohl auf *bilateraler Ebene* erfolgen als auch im *Verbund mit zahlreichen Akteuren* – wie die folgenden Beispiele zeigen:

- *Kooperation mit Transportunternehmen:* Unter dem Motto *„Mit dem Zug zur Kultur"* bietet die „Deutsche Bahn" den Kultureinrichtungen mehrere Kooperationsmöglichkeiten an. Beim „Kultur-Ticket-Spezial" können z. B. Ausstellungsbesucher zu einem Festpreis von 39,00 Euro/Person in der 2. Klasse bzw. 59,0 Euro/Person in der 1. Klasse bei Vorlage bzw. gleichzeitigem Kauf einer Eintrittskarte an einem Tag im Fernverkehr zur Ausstellung und zurück reisen (von allen Bahnhöfen im Umkreis von 300 Kilometern). Für eine entsprechende Kooperation gelten folgende Kriterien: mindestens 100.000 Besucher, eine Ausstellungsdauer von drei Monaten sowie eine InterCity-/ICE-Anbindung des Ausstellungsortes; außerdem muss das „Kultur-Ticket-Spezial" in den Medien des Museums kommuniziert werden (vgl. www.bahn. de/regional/view/regionen/partner/kultur_kooperationen.shtml).
- *Kooperation mit Unterkunftsbetrieben:* In Frankfurt am Main ist das „InterContinental Frankfurt" offizieller *Corporate Hotel Partner* des „Städel Museums" und des „Liebieghauses". Beide Partner sind – verbunden durch den Holbeinsteg (als „Brücke zur Kunst") – für Besucher und Hotelgäste in wenigen Minuten zu Fuß erreichbar. Die Partnerschaft beinhaltet gemeinsame Aktivitäten sowie individuelle Aktionen und Maßnahmen beider Seiten – z. B. spezielle Hotel- und Restaurant-Arrangements, Eintrittskarten und individuelle Führungen durch die Museen sowie gemeinsame Pressetermine (vgl. Presseinformation des „InterContinental" vom 23. April 2010).
- *Kooperation mit Reiseveranstaltern:* Auf seiner Homepage betreibt z. B. das *„Technik Museum Speyer"* eine direkte Akquisition. In vier Sprachen finden sich dort spezielle Informationen für Busunternehmer und Reiseveranstalter. Neben einer Beschreibung der Exponate werden die Vorteile aufgezählt, die

das Museum seinen touristischen Partnern bietet: umfassende Pauschalangebote (inkl. Mittagessen, Hotelübernachtung, Führungen), die Unterstützung bei der Planung und Kalkulation von Gruppenreisen, die gute Verkehrsanbindung (A 61) sowie der freie Eintritt für Reiseleiter und Busfahrer (vgl. speyer.technik-museum.de).

- *Kooperation mit lokalen bzw. regionalen Tourismusorganisationen:* In den letzten Jahren haben zahlreiche Tourismusdestinationen (speziell Städte) ihre Attraktionen in Form von *City Cards* bzw. *Destination Cards* gebündelt. Mit dem Erwerb dieser Karten erhalten die Besucher freie bzw. reduzierte Eintritte in zahlreichen Freizeit- und Kultureinrichtungen; außerdem können sie die öffentlichen Verkehrsmittel kostenlos nutzen. Meist werden Karten mit unterschiedlicher Geltungsdauer in mehreren Preiskategorien angeboten; als Beispiele sind zu nennen: „Berlin WelcomeCard", „Salzburg Card" oder „Bodensee-Erlebniskarte" (vgl. Abb. 19). Speziell für kleinere Kultureinrichtungen stellen die *Destinations Cards* eine gute Möglichkeit, auch von einem breiteren Publikum wahrgenommen zu werden und neue Gäste zu gewinnen.

Abb. 19: Für Kultureinrichtungen stellen „Destination Cards" eine Möglichkeit der vertikalen Vernetzung mit Tourismusbetrieben innerhalb einer Stadt bzw. Region dar. So ermöglicht z. B. die „Bodensee-Erlebniskarte" einen freien Eintritt zu ca. 180 Ausflugszielen. Die Karte wird in mehreren Versionen angeboten – mit einem abgestuften Leistungsangebot und einer unterschiedlichen Geltungsdauer.

Laterale Vernetzung im Kulturtourismus

Bei den lateralen Kooperationen besteht kein direkter und branchenspezifischer Zusammenhang zwischen den Akteuren aus der Kulturindustrie und den Partnern aus anderen wirtschaftlichen bzw. gesellschaftlichen Bereichen. Grundlage der Zusammenarbeit sind vielmehr *gemeinsame Zielvorstellungen* wie z. B. die Schaffung eines neuen touristischen Produkts, eine Steigerung der Attraktivität bzw. eine Erhöhung von Umsätzen und Teilnehmer-/Besucherzahlen:

- So werten einige Reedereien von Kreuzfahrtschiffen ihr Programm durch den Auftritt berühmter Künstler und Orchester auf (und schaffen damit ein unverwechselbares Angebotsprofil). Unter dem Motto „Meer & Musik" findet z. B. im Sommer 2012 eine Seereise durch das östliche Mittelmeer statt, bei der die „*Wiener Philharmoniker*" Kammerkonzerte auf hoher See geben und in Konzerthäusern an Land auftreten; außerdem können die Gäste an den öffentlichen Proben des Orchesters teilnehmen (vgl. Föhl/Pröbstle 2011, 130-131).
- Bereits im Jahr 2006 wurde die luxuriöse MS „Europa" in eine schwimmende Galerie verwandelt: Im Rahmen der „*Europa.art*" konnten die Künstler und Galeristen jeweils für einen Tag zeitgenössische Kunstwerke präsentieren. Außerdem stand der Besuch von Metropolen mit großer kunsthistorischer Bedeutung wie Antwerpen, Gent und Bilbao auf dem Programm (vgl. www.spiegel.de/reise/fernweh/0,1518,448156,00.html).
- Eine Form der lateralen Kooperation wurde auch vom „*Kaufhaus des Westens*" und der „*Nationalgalerie*" in Berlin praktiziert. Anlässlich der Impressionisten-Ausstellung des „Metropolitan Museum of Art" (New York) im Jahr 2007 dekorierte das Kaufhaus seine Schaufenster themengerecht; darüber hinaus präsentierte es in der Eingangshalle im Erdgeschoss die künstlerische Installation eines Feldes – als Hommage an das Gemälde „Die Heuhaufen, Herbst" von Jean-François Millet (vgl. Abb. 20).

Erfolgsfaktoren der kulturtouristischen Vernetzung

Sind derartige Kooperationen zwischen Kultureinrichtungen und Unternehmen aus unterschiedlichen Wirtschaftsbereichen überhaupt sinnvoll? Welche Bedingungen müssen erfüllt sein, damit sie gut funktionieren? Welche Risiken bestehen? Diese Fragen standen im Mittelpunkt einer empirischen Studie, die Siller/Peters/Strobl (2011) in Südtirol durchgeführt haben. Sie konnten folgende *Erfolgsfaktoren von kulturtouristischen Kooperationen* abgrenzen:

Strategisches Management 65

Abb. 20: Anlässlich der Impressionisten-Ausstellung des „Metropolitan Museum of Art" (New York) in Berlin (2007) präsentierte das „Kaufhaus des Westens" im Erdgeschoss die künstlerische Installation eines Feldes – als Hommage an das Gemälde „Die Heuhaufen, Herbst" von Jean-François Millet.

- Initiativen und Einzelinteressen von Personen und Organisationen,
- Offenheit der Akteure,
- institutionelle Unterstützung (z. B. durch Plattformen oder Runde Tische).

In der Untersuchung wurde aber auch eine Reihe von *negativen Einflussfaktoren* erfasst:
- unterschiedliche Zielvorstellungen der Partner,
- Unstimmigkeiten und Konflikte zwischen den Partnern,
- fehlende Ressourcen,
- fehlendes Vertrauen.

Hinsichtlich der *Effekte von Netzwerken* konnten in vier Bereichen positive Rückwirkungen festgestellt werden:
- Vermarktung der Angebote, Koordination und Planung von Veranstaltungen und ökonomischer Nutzen,
- effiziente Mittelbeschaffung,

- ein verbessertes System der Aus- und Weiterbildung und damit eine Steigerung der Qualität der touristischen Produkte sowie des kulturellen Bewusstseins der Einheimischen,
- generell ein breiteres und hochwertigeres touristisches Angebot.

Anhand dieser Erfolgsfaktoren und Wirkungen, aber auch der zahlreichen Beispiele wird das Grundprinzip der Vernetzungsstrategie deutlich – nämlich die generelle Steigerung der Attraktivität durch eine *Bündelung von Angeboten*. Diese Strategie korrespondiert mit den komplexen Reisemotiven der Nachfrager und ihrem Bedürfnis, in der Freizeit- und Urlaubssituation über unterschiedliche Optionen zu verfügen und eine individuelle Auswahl treffen zu können (→ 1.1).

Den Wunsch nach Individualität und vor allem nach Exklusivität nimmt auch eine weitere erfolgreiche Strategie im Kulturtourismus auf: Durch die *zeitliche bzw. räumliche Begrenzung des Angebots* kann den Konsumenten das Gefühl der Einmaligkeit und Einzigartigkeit vermittelt werden.

2.2.3 Limitierung von Kulturangeboten

„Wow! Jetzt auch in blau.
Jetzt und nur für kurze Zeit gibt es die Coca-Cola-Gläser auch in blau! Vervollständigt eure Sammlung und holt euch das Coca-Cola Glas in der sechsten Farbe blau. 1 Glas gratis zu jedem McMenü und nur solange der Vorrat reicht."
McDonald's-Aktion Sommer 2011

Wie die Konsumgütermärkte weist auch der Kulturmarkt längst die typischen Merkmale eines gesättigten Käufermarktes auf, bei dem die Konsumenten die Regeln bestimmen. Die kulturell interessierten Touristen können aus einem Überangebot an Museen, Burgen, Schlösser, Kirchen und Ausstellungen auswählen. Als reiseerfahrene und verwöhnte Nachfrager wollen sie aber nicht ständig das Gleiche sehen, sondern suchen vielmehr das Besondere und das Einmalige – das „blaue Glas", das nicht Alle haben und das dem Besitzer deshalb einen spezifischen Status verleiht.

Was nicht jederzeit und für Jeden verfügbar ist, gilt als besonders begehrenswert. Durch eine *Strategie der gezielten Verknappung des Angebots* können auch Kulturanbieter eine emotional aufgeladene *Must-Have*-Atmosphäre kreieren. Damit schaffen sie wieder eine Situation des Verkäufermarkts: Sie verfügen nun über ein begrenztes und attraktives Angebot, mit dem sie mehr öffentliche Aufmerksamkeit erregen und sich klar von Konkurrenten abgrenzen. Auf diese Weise können sie nicht nur Besucherzahlen steigern, sondern auch höhere Gewinne erwirtschaften (da die Konsumenten generell bereit sind, für exklusive Angebote deutlich höhere Preise zu zahlen).

Generelle Voraussetzung für eine erfolgreiche Limitierungsstrategie ist natürlich ein *ungewöhnliches Angebot*, das bei einem breiten Publikum auf Interesse stößt – also z. B. ein Bestand an einmaligen Exponaten bzw. ein Auftritt herausragender Künstler.

Eine Verknappung kann dabei einerseits durch eine *zeitliche Begrenzung* erfolgen (nach dem Motto „Nur für kurze Zeit"), andererseits über eine *räumliche Limitierung* (nach der Devise „Nicht für Jeden").

Zeitliche Limitierung von Kulturangeboten

Im Kulturtourismus wird diese Strategie vor allem in Form *zeitlich begrenzter Events* praktiziert – wie Kunstaktionen, Sonderausstellungen, Festspielen und Kampagnen. Einige Beispiele zeigen, welche enormen touristischen Wirkungen durch solche Veranstaltungen ausgelöst werden:

- Im Jahr 1995 fand in Berlin die *Verhüllung des Reichstags* in Berlin durch das Künstlerpaar Christo und Jeanne-Claude statt. Mit ca. drei Millionen auswärtigen Besuchern erwies sich das 15 Tage dauernde Projekt für Berlin als sehr erfolgreich – nicht nur hinsichtlich der touristischen Nachfrage, sondern auch des Images von Berlin als Kulturmetropole.
- Im Rahmen der Aktion *„Kulturhauptstadt Europas"*, die im Jahr 1985 mit Athen begann, kann jeweils mindestens eine europäische Stadt für den Zeitraum eines Jahres ihre kulturellen Besonderheiten präsentieren. Eine Evaluation der Effekte in Lille, das im Jahr 2004 „Europäische Kulturhauptstadt" war, ermittelte einen Anstieg der Zahl touristischer Übernachtungen um 39,7 Prozent gegenüber dem Vorjahr (vgl. Berner 2005, 67).
- Einige künstlerische Veranstaltungen wiederholen sich in bestimmten Zeiträumen, haben aber jeweils eine andere thematische Ausrichtung – z. B. die *„Biennale"* in Venedig, die *„dokumenta"* in Kassel oder die *„Filmfestspiele"* in Cannes. Auch diese zeitlich begrenzten Events lösen in den Städten jeweils eine deutliche Steigerung der Übernachtungszahlen aus (vgl. Abb. 21).

Abb. 21: Seit 1895 findet in Venedig in zweijährigem Rhythmus die internationale Kunstausstellung „Biennale" statt – ein typisches Beispiel für ein zeitlich begrenztes Kulturangebot, das auch eine enorme touristische Bedeutung hat. Im Jahr 2011 verzeichnete die „Biennale" einen Besucherrekord: Innerhalb von 25 Wochen kamen mehr als 440.000 Gäste.

Praxisbeispiel zeitliche Limitierung:
Claude Monet-Ausstellung im „Von der Heydt-Museum" in Wuppertal

Vom 11. Oktober 2009 bis 28. Februar 2010 veranstaltete das „Von der Heydt-Museum" in Wuppertal erstmals eine umfassende Werkschau des impressionistischen Malers Claude Monet; neben Exponaten aus dem eigenen Bestand wurden auch Gemälde aus zahlreichen internationalen Museen ausgestellt – u. a. aus dem „Metropolitan Museum of Art" in New York, der „Tate Britain" in London sowie dem „Musée d'Orsay" und dem „Musée Marmottan-Monet" in Paris.

In der Ausstellung wurden ca. 100 Werke aus allen Schaffensperioden des Künstlers präsentiert – und zwar in einer Zusammenstellung, die es in absehbarer Zeit nicht mehr geben sollte. Aufgrund der zahlreichen Leihgaben war eine Verlängerung nicht möglich.

Diese Einzigartigkeit, aber auch die zeitliche Limitierung machte die Sonderausstellung zu einem typischen „Once in a Lifetime"-Event. Bereits im Vorfeld feierten nationale und internationale Medien die Veranstaltung als ein Kultur-Event, „das man nicht verpassen sollte".

Entsprechend groß war das öffentliche Interesse: Das Kontingent zur Vorbestellung von Eintrittskarten und Führungen war bereits nach sechs Wochen ausgeschöpft. Die Info-Hotline des Museums wurde derart mit Anfragen überhäuft, dass sie vom *Call Center* der Stadt Wuppertal unterstützt werden musste. Vor dem Museum bildeten sich lange Schlangen von Besuchern, die mehrere Stunden geduldig auf den Eintritt warteten.

Um den Andrang überhaupt bewältigen zu können, wurde einerseits die Zahl der Tickets im freien Verkauf auf 1.000/Tag beschränkt; andererseits verlängerte das Museum in der letzten Ausstellungswoche seine Öffnungszeit (es schloss erst um Mitternacht seine Tore). Die Claude Monet-Schau war in qualitativer wie quantitativer Hinsicht ein voller Erfolg: Von führenden Kunstkritikern wurde sie zur „Ausstellung des Jahres" gekürt – und statt der erwarteten 100.000 kamen schließlich knapp 300.000 Besucher (Quelle: diverse Pressemeldungen im Internet).

Räumliche Limitierung von Kulturangeboten

Eine gezielte Verknappung des Angebots kann jedoch nicht nur zeitlich erfolgen, sondern auch räumlich – in Form *spezieller Zugänge für eine begrenzte Zahl von Besuchern*, die für dieses Privileg höhere Kosten in Kauf nehmen. Als Vorbilder fungieren Unternehmen der Dienstleistungs- und Konsumgüterbranche, die dieses Prinzip seit langem mit Erfolg praktizieren:

- So bieten die *internationalen Fluggesellschaften* ihren Stammkunden auf zahlreichen Flughäfen spezielle Lounges an, in denen sich die Fluggäste vor dem Abflug aufhalten können (z. B. wird bei der „Deutschen Lufthansa" differenziert nach „Frequent Traveller", „Senator" und „HON Circle Member").
- In den *„Swarovski Kristallwelten"* – der Markenerlebniswelt des weltweit agierenden österreichischen Kristallherstellers – findet sich eine VIP-

Lounge, zu der nur die Mitglieder der „Swarovski Crystal Society" (SCS) Zugang haben (dabei handelt es sich um einen Club begeisterter Sammler von „Swarovski"-Produkten).
- Bei den *„Formel 1-Rennen"* können Besucher, die im Besitz einer Eintrittskarte für den exklusiven „Paddock Club" sind, kurz vor dem Start des Rennens die Boxengasse besichtigen. Im Jahr 2011 belief sich der Preis für ein Zwei-Tages-Ticket auf 4.200 US-Dollar (vgl. www.formulaonepaddockclub.com).

In Kultureinrichtungen kann die räumliche Limitierung durch mehrere Maßnahmen umgesetzt werden – z. B. durch:
- *spezielle Fast-Lane-Zugänge bei Sonderausstellungen,*
- *besondere Führungen bzw. Treffen mit berühmten Personen* (Begegnung mit Künstlern im Rahmen von Vernissagen, Konzerten, Vorstellungen etc.),
- *exklusive Öffnung von Räumen,* die normalerweise nicht zugänglich sind,
- *spezielle Lounges für Mitglieder* (wie in der „Tate Modern" in London, wo die Förderer einen separaten *Member's Room* besuchen könnten – mit spektakulärem Blick auf die City; → 3.1.1).

Praxisbeispiel räumliche Limitierung: „Madame Tussauds" in Berlin

Die „Tussauds Group" betreibt weltweit elf Wachsfigurenkabinette – u. a. auch in Berlin. Auf der Homepage des Unternehmens wird neben den normalen Online-Eintrittskarten ein spezielles „Tages-Ticket-Plus. VIP-Einlass" angeboten. Gegen einen Aufpreis in Höhe von fünf Euro können die Besitzer dieses Tickets – ohne Wartezeit – einen gesonderten Eingang benutzen, um die Wachsfiguren zu besichtigen (vgl. www.madame-tussauds.com/Berlin).

Die Limitierungsstrategie zielt vor allem darauf ab, den Bekanntheitsgrad und die Besucherzahlen kurzfristig zu steigern und gleichzeitig den Pro-Kopf-Umsatz zu erhöhen. Eher langfristige Ziele verfolgt hingegen eine weitere Managementstrategie, die ebenfalls von Unternehmen entwickelt worden ist und nun auch in öffentlichen Kultureinrichtungen zum Einsatz kommt – nämlich die *Gründung von Filialen an anderen Standorten.* Sie dient dazu, das Thema und Konzept, den Ausstellungsfundus sowie das Veranstaltungsprogramm von Kultureinrichtungen möglichst effizient zu nutzen.

2.2.4 Filialisierung von Kulturangeboten

Auf den ersten Blick scheint sich die Kultur – aufgrund ihrer Einmaligkeit, Authentizität und Personalisierung – jeder Form einer (kommerziell ausgerichteten) Filialisierung zu entziehen.

Gleichzeitig unterliegt der Kulturbereich aber den gleichen Gesetzmäßigkeiten, die auch für die Konsumgüterindustrie gelten. In gesättigten Märkten stehen die Nachfrager ständig vor der Entscheidung, welches Produkt sie auswählen sollen. Diese unübersichtliche Situation führt zu einer Verunsicherung und damit zum Bedürfnis nach *Produkttransparenz* und *-sicherheit*. Der Erfolg vieler Anbieter im Tourismus (wie auch im Einzelhandel) resultiert aus der Tatsache, dass den Kunden diese Klarheit und Überschaubarkeit durch standardisierte Angebote in Form von *Marken* signalisiert wird. Als Beispiele sind die Hotelketten („Maritim", „Steigenberger" etc.) und die Betriebe der Systemgastronomie („McDonald's", „Nordsee" etc.) zu nennen (→ 3.1.1).

Im Kulturbereich hat die Markenbildung bislang vor allem auf der Ebene *internationaler Mega-Stars* wie Anna Netrebko, Rolando Villazón u. a. stattgefunden. Diese personalisierten Marken lassen sich allerdings nicht beliebig vervielfältigen. Im Museums- und Ausstellungsbereich ist eine derartige Multiplikation von Attraktionen jedoch grundsätzlich möglich, da viele Museen über große Sammlungsbestände verfügen, von denen nur ein Teil in den eigenen Räumlichkeiten ausgestellt werden kann. Ein konservatives Selbstverständnis der Institutionen, eine mangelnde Marktorientierung und ein hoher Finanzbedarf bei der Gründung von Filialen sind wesentliche Ursachen dafür, dass sich die *Markenbildung und Filialisierung* nur langsam im Kulturbereich durchgesetzt hat.

Vorreiter dieser Entwicklung war die *„Guggenheim Foundation"* (New York), die seit den 1990er-Jahren mehrere Dependancen in den USA und in Europa gründete – u. a. in Las Vegas, Bilbao und Berlin. Innerhalb der Kunst- und Kulturszene löste diese internationale Expansionsstrategie zunächst einen Sturm der Entrüstung aus. Die Kritiker warfen Thomas Krens, dem Museumsleiter, vor, eine *„McGuggenheim's"-Politik* zu betreiben. Sie befürchteten eine *zunehmende Kommerzialisierung und Globalisierung von Kultur* – zu Lasten der spezifischen Aura von Kunstwerken und Kultureinrichtungen.

Speziell am Beispiel des *„Guggenheim-Museums" in Bilbao* (Eröffnung: 1997) wurde aber bald deutlich, dass durch diese Filialisierung für beide Partner eine *Win-Win*-Situation entstehen kann (vgl. Lenfers 1999):
- Die „Guggenheim Foundation" erhielt für die Verwendung ihres Namens, die Bereitstellung ihres Know-hows und die Leihgabe von 300 Kunstwerken eine Franchise-Gebühr in Höhe von 20 Millionen US-Dollar.

- Doch auch Bilbao und das Baskenland profitierten von diesem *Flagship*-Projekt. In der strukturschwachen Region wurden im ersten Jahr nach der Eröffnung ca. 3.800 Arbeitsplätze geschaffen, die touristische Nachfrage konnte deutlich gesteigert werden und die Destination verzeichnete einen erheblichen Imagegewinn.

Aufgrund dieser positiven Erfahrungen sind inzwischen mehrere große Museen dem Beispiel der „Guggenheim Foundation" gefolgt und haben weltweit *Filialen an anderen Standorten* eröffnet:
- Im Jahr 2006 haben der *Louvre* (Paris) und das *High Museum* (Atlanta) eine Kooperation vereinbart. Für die Dauer von drei Jahren hat das französische Museum dem US-amerikanischen Partner zahlreiche Exponate überlassen. Der Louvre erhielt dafür 5,4 Millionen Euro, die zu Renovierungszwecken verwendet wurden.
- Im Jahr 2007 haben die französische Regierung und das Emirat Abu Dhabi in einem Kooperationsvertrag die Gründung eines *„Louvre Abu Dhabi"* vereinbart. Für einen Zeitraum von zwanzig Jahren sollen in dieser Filiale des renommierten Paris Kunstmuseums auf 24.000 Quadratmeter Fläche wechselnde Leihgaben aus dem Bestand des Louvre, aber auch anderer französischer Häuser ausgestellt werden.
- Die *„Anne Frank Stichting"* betreibt neben dem Anne-Frank-Haus in Amsterdam auch eine Wanderausstellung zum Leben und Werk der jüdischen Autorin; außerdem gibt es „Anne-Frank-Zentren" in mehreren europäischen und US-amerikanischen Städten.

Auf den ersten Blick scheint sich die Filialisierungsstrategie nur für große Kultureinrichtungen mit einem internationalen Renommee zu eignen, die über einen *umfangreichen Bestand an Exponaten* verfügen und deshalb in der Lage sind, eine Zeit lang auf einige Ausstellungsstücke verzichten zu können, ohne dass dadurch erkennbare Lücke entstehen (die Sammlung des „State Heritage Museum" in St. Petersburg umfasst z. B. mehr als drei Millionen Kunstwerke).

Doch auch kleinere Kultureinrichtungen und Sonderausstellungen können diese Strategie verfolgen – zumindest im Bereich der *Kommunikationspolitik*:
- Im Jahr 2007 fand in Trier die *Ausstellung „Konstantin der Große"* statt. Zu den zentralen Exponaten gehörten Teile einer Monumentalbüste des Kaisers. Die Veranstaltungsgesellschaft ließ Repliken des Kopfes und Fußes herstellen, die nicht nur im Trierer Stadtraum auf die Veranstaltung aufmerksam machten, sondern auch vor dem Brandenburger Tor in Berlin – ein ideales Fotomotiv für Tagesbesucher und Touristen (vgl. Kagermeier 2010, 25-26).
- Am Bodensee hat das *„Pfahlbaumuseum Unteruhldingen"* an der Strandpromenade im nahegelegenen Überlingen den Miniatur-Nachbau eines

Pfahlbaues errichtet – nicht nur ein *Eye-Catcher* für Flaneure, sondern auch ein beliebtes Spielhaus für Kinder. Außerdem hat das Museum an der vielbefahrenen Bundesstraße 31 einen Nachbau in Originalgröße aufgestellt, um Ausflügler und Urlauber zu einem Besuch anzuregen (vgl. Abb. 22).

Abb. 22: Kleinere Kultureinrichtungen können zumindest in der Kommunikationspolitik eine Filialisierungsstrategie einsetzen: So macht das „Pfahlbaumuseum Unteruhldingen" an der vielbesuchten Strandpromenade im nahegelegenen Überlingen mit dem Miniatur-Nachbau eines Pfahlbaues auf sich aufmerksam.

Strategisches Management von Kulturanbietern im Tourismus

Fazit

- Im Mittelpunkt des strategischen Managements steht die Formulierung von mittelfristigen Zielvorstellungen (Vision, Leitbild) und die Frage der grundsätzlichen Positionierung von Kultureinrichtungen
- Zur Positionierung und Profilbildung können Kultureinrichtungen vier Strategien verfolgen (auch zeitlich parallel und inhaltlich überlappend): Thematisierung, Vernetzung, Limitierung und Filialisierung. Darüber hinaus sollten sie ein aktives Qualitätsmanagement betreiben.
- Bei der Thematisierungsstrategie konzentrieren sich Kultureinrichtungen auf Themen, die bei einem breiten Publikum auf Interesse stoßen – z. B. berühmte Persönlichkeiten, historische Ereignisse und kunstgeschichtliche Epochen bzw. lokale oder regionale Besonderheiten. Wichtige Instrumente sind dabei Ausstellungen, Jahreskampagnen und Themenrouten; eine Thematisierung kann aber auch durch Gästeführungen und eine interne Gliederung des Angebots in „Welten" erfolgen.
- Eine Vernetzungsstrategie wird vor allem dazu genutzt, weniger bekannten Kulturattraktionen eine größere Aufmerksamkeit zu verschaffen. Dabei können sich die Akteure innerhalb der Kulturwirtschaft zusammenschließen (horizontale Vernetzung) bzw. mit Partnern aus der Tourismusbranche kooperieren (vertikale Vernetzung). Außerdem gibt es Formen der lateralen Vernetzung, bei der Akteure aus unterschiedlichen Bereichen zu bestimmten Anlässen zusammenarbeiten (Events, Kreuzfahrten etc.).
- Die Limitierungsstrategie verfolgt das Ziel einer bewussten Verknappung des Angebots – z. B. in Form zeitlich begrenzter Veranstaltungen, aber auch spezieller Zugänge für wenige Besucher. Auf diese Weise wird die Attraktivität der Kultureinrichtungen erheblich gesteigert; dadurch können höhere wirtschaftliche Effekte erzielt werden.
- Bei der Filialisierungsstrategie werden erfolgreiche Kulturkonzepte an mehreren Standorten in gleicher Form realisiert (nach dem Vorbild von Hotel- und Restaurantketten). Obwohl Kritiker die damit einhergehende Kommerzialisierung und Globalisierung von Kultur anprangern, finden sich auf internationaler Ebene inzwischen immer mehr Beispiele für diese Strategie.

Literaturtipps

Buri, H. (2011): Kulturelles Erbe und Tourismus. Kultureinrichtungen als kulturtouristische Akteure – Strategische Ausrichtung und Praxis am Beispiel der Stiftung Preußische Schlösser und Gärten Berlin-Brandenburg. – In: Klein, A. (Hrsg.): Taten.Drang.Kultur. Kulturmanagement in Deutschland 1990-2030, Wiesbaden, 321-336
An Hand eines Fallbeispiels erläutert der Autor anschaulich und kenntnisreich die zentralen Fragen des strategischen Managements von Kultureinrichtungen sowie die Konsequenzen für das Marketing.

Lehmann, M./Heinemann, A. (2009): Touristische Leitbilder. Der strategische Planungsprozess von Destinationen, Berlin (Heilbronner Reihe Tourismuswirtschaft; 6)
Das Buch enthält – neben einer Darstellung der theoretischen Grundlagen – zahlreiche praktische Hinweise auf die Erarbeitung von touristischen Leitbildern, die auch für Kultureinrichtungen von Interesse sind.

3 Operatives Management von Kulturanbietern im Tourismus: Marktauftritt, Marketing und Qualitätsmanagement

> *„Ich meine, dass wir uns dieser zunehmenden Erlebnisorientierung [...] stellen müssen, nicht, indem wir mit billigem Amüsement darin auf- und untergehen, sondern indem wir daraus lernen und ein eigenständiges Profil und Selbstverständnis, ja Markenzeichen entwickeln, das in der je spezifischen inhaltlichen Substanz und kulturellen Kompetenz der Museen liegt!"*
> Kallinich (2004, 75)

Das aktive Handeln auf dem Kultur- und Tourismusmarkt, eine ständige Anpassung an veränderte Wettbewerbsbedingungen sowie eine kontinuierliche Verbesserung der Angebotsqualität – diese Aufgaben stehen im Mittelpunkt des operativen Managements von Kulturanbietern im Tourismus. Dabei geht es um die Beantwortung folgender zentraler Fragen:

- Wie können wir unseren *Marktauftritt* so attraktiv gestalten, dass wir in der Fülle der Kultur- und Freizeitangebote überhaupt von den Touristen wahrgenommen werden (→ 3.1)?
- Welche *Marketing-Instrumente* können wir verwenden, um unser Angebot zeitgemäß und zielgruppengerecht zu gestalten (→ 3.2)?
- Welche Maßnahmen müssen wir einsetzen, um sicherzustellen, dass die *Qualität unseres Angebots und unserer Dienstleistungen* den Erwartungen der Gäste entspricht (→ 3.3)?

Da der internationale Tourismusmarkt eine große Dynamik aufweist, stehen Kulturanbieter vor der Herausforderung, diese grundsätzlichen Fragen immer wieder neu zu beantworten. Es reicht also nicht aus, den einmal erlangten Status Quo zu sichern. Nach dem Motto „Wir wollen besser werden" sollten sich Kultureinrichtungen vielmehr als *lernende Institutionen* verstehen, die ihre Besucher immer wieder mit neuen Ideen und ungewöhnlichen Aktionen überraschen und begeistern.

Darüber hinaus sollten Kulturakteure berücksichtigen, dass es sich bei dem Produkt „Urlaubsreise", an dessen Erstellung sie sich beteiligen wollen, um eine *recht komplizierte und noch dazu verderbliche Ware* handelt; sie weist einige typische Merkmale auf (vgl. Steinecke 2011, 69-70):

Operatives Management

- *Leistungsketten:* Eine Urlaubsreise besteht immer aus einer Abfolge von zahlreichen Informations- und Konsumhandlungen – von der Beratung und Buchung im Reisebüro über den Flug und die Hotelübernachtung bis hin zur Besichtigung einer Burg und zum Besuch eines Restaurants. Auf der Angebotsseite sind entsprechend viele Unternehmen an der Leistungsbereitstellung beteiligt. Um ein marktfähiges Produkt zu schaffen, ist es zum einen dringend erforderlich, dass die beteiligten Akteure aus Tourismus und Kultur kooperieren. Zum anderen sollten sie sich auf einheitliche Qualitätsstandards verständigen, da die Unzufriedenheit der Touristen mit *einem* Element der Leistungskette die Gesamtzufriedenheit entscheidend beeinflussen kann (und damit auch die Bereitschaft zur Weiterempfehlung der Destination bzw. zu Wiederholungsbesuchen).

Abb. 23: Gästeführungen (wie hier an der steinzeitlichen Grabanlage von Newgrange in Irland) basieren auf dem Uno-Actu-Prinzip. Die Teilnehmer sind immer direkt in den Leistungsprozess eingebunden; außerdem finden Bereitstellung und Nutzung der Dienstleistung zur selben Zeit und am selben Ort statt.

- *Uno-Actu-Prinzip:* Die Urlauber sind immer direkt in den touristischen Leistungsprozess integriert; die Bereitstellung und die Nutzung der Dienstleistung finden also zur selben Zeit und am selben Ort statt – z. B. bei der Teilnahme an einer Führung (vgl. Abb. 23). Dabei kommt es zu zahlreichen Interaktionen zwischen den Touristen und den Mitarbeitern der Kultureinrichtung. Ein Qualitätsmanagement in der Tourismus- wie auch der Kulturwirtschaft erweist sich als besonders schwierig: Zum einen lassen sich diese heterogenen *Point-of-Service*-Situationen nicht vollständig standardisieren, zum anderen wünschen viele Kunden einen persönlichen Service.
- *Immaterialität:* Bei touristischen (wie auch kulturellen) Angeboten handelt es sich überwiegend um Dienstleistungen, die nicht lagerfähig und nicht transportfähig sind. Der Kunde erwirbt bei der Buchung bzw. beim Kauf einer Eintrittskarte zunächst nur ein *Dienstleistungsversprechen*, das für ihn mit einem hohen Risiko behaftet ist, da er die Qualität nur auf der Grundlage des Images und des wahrgenommenen Leistungspotenzials des Anbieters beurteilen kann. Entsprechend umfassend ist auch das Informationsverhalten der Bundesbürger: Nur 8 Prozent holen vor Antritt der Reise *keine* Informationen ein (Sierck/Winkler 2006, 5). Angesichts dieser Tatsache sind zahlreiche kommunikations- und produktpolitische Maßnahmen notwendig, um für eine höhere Transparenz zu sorgen und eine Atmosphäre des Vertrauens zu schaffen – z. B. eine aussagekräftige Homepage, die Bildung einer attraktiven Marke oder der Einsatz von Klassifikationen und Gütesiegeln.
- *Potenzialorientierung:* Aufgrund der fehlenden Lager- und Transportfähigkeit touristischer Dienstleistungen entstehen für die Anbieter hohe Bereitstellungs- und Sicherungskosten – unabhängig von der tatsächlichen Nachfrage (z. B. Betten in Hotels und Sitzplätze in Restaurants, aber auch Führungsangebote in Kultureinrichtungen). Durch neue Vertriebswege und preispolitische Maßnahmen kann nicht nur ein gleichmäßiger Verlauf der Nachfrage, sondern auch eine höhere Auslastungsquote erzielt werden (Rabatte für Frühbuchungen im Internet, reduzierte Eintrittspreise in nachfrageschwachen Zeiten etc.).

Grundsätzlich lässt sich das operative Management von Kultureinrichtungen im Tourismus als ein *mehrstufiger Prozess* verstehen, der drei Phasen umfasst (vgl. Freyer 2011, 275-279; Abb. 24):

- In der *Potenzialphase* geht es vor allem darum, den interessierten Besuchern alle Leistungsaspekte der Kultureinrichtung in überzeugender Weise zu vermitteln. Um Vertrauen zu schaffen, Neugier zu wecken und zu einem Besuch anzuregen, sollten verschiedene Werbe-, Informations- und Beratungsmaßnahmen durchgeführt werden.

Operatives Management 79

Operatives Management von Kulturanbietern		
Potenzialphase	**Prozessphase**	**Ergebnisphase**
Potenzialqualität - Beratungsqualität - Informationsqualität - Reservierungsqualität - Vertrauen, Glaubwürdigkeit, Image	Prozessqualität • Verrichtungsqualität • Servicequalität • Interaktionsqualität ("Kommunikation") • 0-Fehler-Problematik • Binnenmarketing	Ergebnisqualität • Zufriedenheit nach Innen (Erwartung vs. Erfüllung) • Zufriedenheit nach Außen
Bewertung - Testbesuche - Kunden-/ Gästebefragungen	*Bewertung* - Reklamationen, Beschwerden - Gästebefragungen - Mitarbeiterzufriedenheit	*Bewertung* - Gäste- u. Mitarbeiterbefragungen - Stammgäste, "Wiederholer" - Multiplikatoren, Medien - Reklamationen

Abb. 24: Das operative Marketing lässt sich in drei Phasen unterteilen: In der Potenzialphase stehen Vertrauensbildung und Information im Mittelpunkt, in der Prozessphase eine besucherorientierte Leistungserbringung und in der Ergebnisphase eine Analyse der Zufriedenheit von Besuchern und Mitarbeitern.

- Die *Prozessphase* umfasst die tatsächliche Leistungserbringung – vom Empfang der Besucher und dem Verkauf der Eintrittskarten über die Präsentation des kulturellen Angebots bis hin zu zusätzlichen Leistungen (Restaurant, Shop etc.). Durch das operative Management sollten bestimmte Standards in der Service- und Interaktionsqualität sichergestellt werden – z. B. klare Orientierung, verständliche Informationen, freundliches Personal, saubere Sanitäreinrichtungen.
- In der *Ergebnisphase* wird die erbrachte Leistung kontrolliert und bewertet – zum einen aus Sicht der Besucher, zum anderen aber auch aus Sicht der Mitarbeiter. Diese externe und interne Evaluation sollte in regelmäßigen Abständen erfolgen; nur auf diese Weise lassen sich Schwachstellen frühzeitig erkennen und entsprechende Gegenmaßnahmen einleiten.

3.1 Marktauftritt

Deutlich Flagge zeigen, einen hohen Nutzen signalisieren und ein unwiderstehliches Begehren wecken – das sollten die generellen Kommunikationsziele für alle Kulturanbieter sein, die auf dem Tourismusmarkt reüssieren wollen. Touristen sind (per Definition) immer Ortsfremde und temporäre Besucher; deshalb müssen sie sich rasch orientieren, sie benötigen klare Informationen und sie suchen nach einer Hilfestellung bei der Entscheidung, was sie – angesichts ihres knappen Zeitbudgets – vor Ort unternehmen sollen.

Für Kultureinrichtungen ist es deshalb unabdingbar, sich möglichst frühzeitig auf der *Mental Map* bzw. im *Evoked Set* der Urlauber zu platzieren – so werden die spezifischen Wahrnehmungsmuster bezeichnet, die bereits vor Beginn der Reise in den Köpfen der Besucher vorhanden sind. Um den Marktauftritt erfolgreich gestalten zu können, sind einige Basiskenntnisse über das Informationsverhalten von Touristen notwendig.

Grundsätzlich steht den Reise- und Kulturinteressierten eine *Fülle unterschiedlicher Informationsquellen* zur Verfügung – von persönlichen Gesprächen über Prospekte von Reiseveranstaltern und Destinationen bis hin zu Artikeln in der Presse. In den letzten Jahren wurde dieses Spektrum noch durch neue Medien erheblich erweitert (Internet, Videotext, CD-Rom etc.).

Als wichtigste Informationsquelle erweist sich allerdings weiterhin die *Mund-zu-Mund-Propaganda*: Im Jahr 2008 nutzten 70 Prozent der Bundesbürger Gespräche mit Verwandten, Freunden etc., um sich vor der Reise zu informieren. Diese Tatsache ist ein deutlicher Beleg für die große Bedeutung des Qualitätsmanagements von Kultureinrichtungen, denn zufriedene Gäste fungieren bereitwillig als (kostenlose) Werbeträger. Mit ihren persönlichen Erfahrungsberichten, die von den Zuhörern als besonders glaubwürdig betrachtet werden, leisten sie einen unverzichtbaren Beitrag zur Akquisition von Neukunden (vgl. Tab. 3).

An zweiter Stelle rangiert das *Internet*, das sich nach Einschätzung von Experten in diesem Jahrzehnt zur wichtigsten Informationsquelle für Urlaubsreisen entwickeln wird – mit einem Anteil von 60-75 Prozent (angesichts dieser rasanten Entwicklung haben alle Datenangaben immer nur einen vorläufigen Charakter). Auf den folgenden Rängen finden sich *Auskünfte in Reisebüros*, *Kataloge von Reiseveranstaltern* sowie *Reiseführer/-publikationen*. In diesem Informations-Mix wird künftig auch der direkte Informationsaustausch zwischen den Konsumenten durch *Social Media* erheblich an Bedeutung gewinnen (vgl. Amersdorffer u. a. 2010).

Operatives Management 81

	2005	2008*
Gespräche mit Freunden/Bekannten	56 %	70 %
Internet	22 %	39 %
Auskunft im Reisebüro	46 %	59 %
Kataloge von Reiseveranstaltern	31 %	41 %
Reiseführer (Bücher)	16 %	24 %

* Letzte verfügbare Vergleichswerte (in den Folgejahren wurde andere Antwortkategorien verwendet).

Tab. 3: *Bei den Informationsquellen für Urlaubsreisen rangiert die Mund-zu-Mund-Propaganda an erster Stelle. Das Internet generell und speziell auch die „Social Media" haben in den letzten Jahren erheblich an Bedeutung gewonnen.*

Welche Konsequenzen haben diese Ergebnisse für Kulturanbieter? Sie zeigen, dass für einen erfolgreichen Marktauftritt eine *„Multi-Channel"-Strategie* gewählt werden sollte. Es reicht also bei weitem nicht aus, Werbebroschüren zu drucken oder Plakate aufzuhängen, sondern es sollten alle Möglichkeiten genutzt werden, die potenziellen Besucher bereits vor Beginn der Reise auf sich aufmerksam zu machen – durch begeisterte Berichte früherer Gäste, durch eine klar strukturierte Homepage sowie durch eine intensive Zusammenarbeit mit Reisebüros, Reiseveranstaltern, Destinationen sowie Verlagen von Reiseführern.

3.1.1 Markenbildung von Kultureinrichtungen: Funktionen – Vorteile – Anforderungen

„*A blank shoe is meaningless.*"
(Goldman/Papson 2000, 12)

Markenartikel sind uns aus dem Konsumgüterbereich hinlänglich vertraut, denn inzwischen gibt es nahezu keine Produkte mehr, die *nicht* mit einem Logo versehen sind. So beläuft sich die Zahl der registrierten und rechtlich geschützten Marken in Deutschland gegenwärtig auf mehr als 760.000. Das Spektrum reicht dabei von Papiertaschentüchern („Tempo") über Hemden („Ralf Lauren") und Hautcremes („Nivea") bis hin zu Turnschuhen („Adidas").

Für diese enorme Popularität von Marken sind zwei Ursachen zu nennen – zum einen die generelle Marktsättigung: Es gibt einfach viel zuviele Hautcremes, Hemden, Turnschuhe etc. Zum anderen spielt die zunehmende Austauschbarkeit des Angebots eine wichtige Rolle, da zwischen den einzelnen Artikeln längst

keine qualitativen Unterschiede mehr zu erkennen sind. In dieser Marktsituation kann die Markenbildung *(Branding)* von den Anbietern – auch im Kulturbereich – dazu genutzt werden (vgl. u. a. Günter 2011, 38):
- ein eigenes Profil zu entwickeln und sich dadurch von anderen Wettbewerbern zu unterscheiden *(Differenzierungsfunktion)*,
- ein besonders hohes Leistungsniveau zu signalisieren *(Qualitätsverdeutlichungsfunktion)*.

Was ist eine Marke?

„Eine Marke ist ein Name, Begriff, Zeichen, Symbol, eine Gestaltungsform oder eine Kombination aus diesen Bestandteilen, um Produkte oder Dienstleistungen eines Anbieters oder einer Anbietergruppe zu kennzeichnen. Sie dient der Differenzierung gegenüber Konkurrenzangeboten. Zunächst signalisiert eine Marke also die Herkunft eines Produktes. Denn ausschließlich der Markeninhaber besitzt das Recht, ein Produkt unter dieser Marke herzustellen" (www.competence-site.de).

Der hohe internationale Bekanntheitsgrad einiger Luxus- und Kultmarken wie „Rolex", „Abercrombie & Fitch" oder „Nike" macht deutlich, dass Markenprodukte weitaus mehr bieten als Orientierung und Transparenz:
- Aufgrund ihres positiven, teilweise exklusiven Images vermitteln sie den Konsumenten einen besonderen Status; durch den Kauf erhalten die Kunden also das Gefühl, etwas Besonderes zu sein und sich von Anderen zu unterscheiden *(Image-Übertragungsfunktion)*.
- Zugleich signalisiert das sichtbare Markenzeichen aber auch die Zugehörigkeit zu einer Gruppe von Gleichgesinnten, die über vergleichbare ökonomische Ressourcen verfügen, gemeinsame Werte teilen bzw. ähnliche ästhetische Vorstellungen haben – also die berühmten „feinen Unterschiede" im Sinne von Pierre Bourdieu pflegen *(Gruppenzugehörigkeitsfunktion)*.

Beim professionellen *Branding* geht nicht nur darum, das eigene Produkt oder die Kultureinrichtung mit einem Logo bzw. Slogan zu markieren; vielmehr sollte die Marke als *Instrument der Sinngebung und Identitätsstiftung für die Besucher* genutzt werden.

Praxisbeispiel Sinngebung und Identitätsstiftung durch Markenbildung: „Tate Britain" und „Tate Modern" in London

„Be a part of Tate" – so lautet der Slogan, mit dem die „Tate Britain" und die „Tate Modern" für ihr „Members' Programme" werben. Mit der Mitgliedschaft, die jährlich 60- 120 Pfund Sterling kostet, ist eine Reihe von Vergünstigungen verbunden – z. B. der freie Eintritt in Sonderausstellungen, die Nutzung des clubähnlichen Members' Room, die Teilnahme an speziellen Führungen oder das Abonnement des TATE ETC.-Magazins.

Weitaus wichtiger ist aber die symbolische Dimension der Mitgliedschaft: Durch sie wird den Kunstinteressierten der Eindruck vermittelt, dass sie von den Museen als wichtige Partner der Museen betrachtet werden; damit partizipieren sie am Glanz dieser Institutionen. Darüber hinaus können sie sich als Förderer der schönen Künste verstehen und als Teil einer größeren Gemeinschaft von Connaisseuren fühlen. Voller Begeisterung werden sie Freunden, Bekannten und Verwandten von ihrem gesellschaftlich-kulturellen Engagement erzählen und auch von den besonderen Erfahrungen, die sie aufgrund ihrer privilegierten Situation in den Museen machen (vgl. www.tate.org.uk).

Generell hat das *Branding* – ausgehend von der Konsumgüterbranche – inzwischen nahezu alle Wirtschafts- und Gesellschaftsbereiche erfasst; so versuchen z. B. auch zahlreiche Städte, Regionen und Tourismusdestinationen, sich als Marken im nationalen und internationalen Wettbewerb zu positionieren (vgl. Steinecke 2009, 271-276).

Im Kulturbereich wird die Frage der Markenbildung hingegen erst seit wenigen Jahren diskutiert – obwohl zwischen Kultureinrichtungen und Marken eine *Reihe von Gemeinsamkeiten* bestehen (vgl. John 2008, 14):
- Sie haben einen singulären und individuellen Charakter.
- Sie verfügen über eine kulturelle Biographie (Geschichte, Gedächtnis).
- Es handelt sich um Systeme bzw. Institutionen, die auf Kontinuität, Dauer und Nachhaltigkeit angelegt sind.
- Ihre mittelfristig orientierte Entwicklung basiert auf einer austarierten Balance zwischen Wandel und Beständigkeit.

Da es sich bei der Kulturbranche um einen gesättigten Markt handelt, sollten sich auch Kultureinrichtungen mit den Prinzipien der Markenbildung auseinandersetzen – denn ein *Branding* bietet ihnen *mehrere Vorteile* (vgl. Günter 2008, 51 generell und zu *Best-Practice*-Beispielen Scheytt 2011; Antz 2011):

- Marken sind ein symbolischer Ausdruck für die Persönlichkeit der Kultureinrichtung und machen sie damit unverwechselbar (Alleinstellungsmerkmal, Identitätsanker).
- Marken signalisieren der Zielgruppe einen spezifischen Nutzen – z. B. Bildung, Erfahrung, Unterhaltung, Prestige etc. (vgl. Abb. 25).
- Aufgrund ihres Bekanntheitsgrades und ihrer Reputation ermöglichen Marken die Ansprache neuer Besucher; zugleich helfen sie bei Werbung, Präsentation und Vermittlung.
- Marken erleichtern die Besucherbindung und fördern die Weiterempfehlungsbereitschaft, aber auch die Akquisition von Förderern und Sponsoren.
- Angesichts dieser Vorteile stellen etablierte Marken einen zusätzlichen (auch monetären) Wert für die Träger der Kultureinrichtung dar.

Abb. 25: Um sich im Kultur- und Tourismusmarkt neu zu positionieren, hat das niedersächsische Künstlerdorf Worpswede einen Masterplan formuliert, der auch Aussagen zur angestrebten Qualität der touristischen Dienstleistungen enthält. Das veränderte Selbstverständnis wird mit Hilfe eines neuen, aussagekräftigen Logos kommuniziert (das einen deutlichen Bezug zum berühmten „Wow"-Effekt aufweist).

Die fünf Regeln des Branding

Generell handelt es sich bei der Markenbildung um einen aufwändigen, langfristig angelegten Prozess, bei dem *fünf Regeln* zu beachten sind (vgl. Giatas/Hundt 2008, 62-67):

- *Einmalige Markenidee formulieren:* Die Markenidee steht am Anfang; sie ist der zentrale Bezugspunkt für alle weiteren Aktivitäten. Bei der Formulierung sollten folgende Fragen beantwortet werden: Was ist das Besondere an unserer Kultureinrichtung? Wofür stehen wir?
- *Markenidee erkennbar umsetzen:* Mit Hilfe eines eindeutigen und unverwechselbaren Logos bzw. Slogans müssen die besonderen Merkmale der Kultureinrichtung einheitlich und durchgängig kommuniziert werden – von der äußeren Gestaltung des Gebäudes (→ 3.1.2) über alle Publikationen und Werbemittel bis hin zur Kleidung der Mitarbeiter.
- *Unverzichtbare Kompetenz definieren:* Was können wir besonders gut und was würde fehlen, wenn es unsere Kultureinrichtung nicht mehr gäbe? Die Beantwortung dieser beiden Fragen führt zum spezifischen Nutzen, den eine Kultureinrichtung für die Besucher, aber auch für die Standortgemeinde hat – also den Markenkern.
- *Erlebbarkeit schaffen:* Um der Kultureinrichtung einen hohen Bekanntheitsgrad zu verschaffen und sie mit einem positiven Image zu versehen, bedarf es einer intensiven Kommunikation, bei der möglichst viele Berührungspunkte mit den potenziellen Besuchern genutzt werden. Neben klassischen Kommunikationsmitteln (Flyer, Plakate, Presseartikel etc.) sollten Kulturakteure auch innovative Formen der Kundenansprache entwickeln – z. B. gemeinsame Werbemaßnahmen mit Partnern (Einzelhandel, Tourismus), direkte Information der Kunden (Mailings) oder ungewöhnliche Events (→ 3.2.4).
- *Selbstähnlichkeit wahren:* Marken bieten Transparenz, sie versprechen Qualität und sie schaffen Vertrauen. In unübersichtlichen Konsumsituationen wirken sie wie Leuchttürme, die den Kunden den Weg weisen. Um diese Verlässlichkeit zu bewahren, sollten sie nur gelegentlich und dann behutsam modifiziert werden – diese Tatsache gilt für das äußere Erscheinungsbild (Logo), aber auch für das Programm von Kultureinrichtungen, das über einen längeren Zeitraum hinweg eine inhaltliche Stringenz aufweisen sollte.

**Praxisbeispiel Selbstähnlichkeit wahren:
Sonderausstellungen zu religiösen Themen in Paderborn**

Die ostwestfälische Großstadt Paderborn hat – als Sitz eines Erzbischofs und Standort zahlreicher kirchlicher Einrichtungen – ein ausgesprochen konservativ-katholisches Image (auf die scherzhafte Frage, was die Steigerung von „schwarz" ist, gibt es die klassische Antwort: schwarz – Münster – Paderborn).

Der kirchlich geprägte Kultursektor hat die Chancen dieses Images längst genutzt – durch mehrere Sonderausstellungen zu religiösen Themen, die auch bundesweit auf großes Interesse stießen und eine entsprechende touristische Bedeutung erlangten:
- „799 – Kunst und Kultur der Karolingerzeit. Karl der Große und Papst Leo III. in Paderborn" (23.07. bis 1.11.1999),
- „Canossa – Erschütterung der Welt. Geschichte, Kunst und Kultur am Aufgang der Romanik" (21.07. bis 5.11.2006),
- „Franziskus – Licht aus Assisi" (9.12.2011 bis 6.5.2012)

Mit ihrer spezifischen Thematik tragen diese Sonderausstellungen konsequent zu einer glaubwürdigen Markenbildung Paderborns im Bereich der Kultur bei:
- Sie basieren auf einer einmaligen Markenidee (der lokalen katholischen Tradition),
- die Markenidee wird durch vielfältige Kommunikationsmaßnahmen erkennbar umgesetzt (vgl. Abb. 26),
- aus lokalen Erfahrungen kann eine unverzichtbare Kompetenz für religiöse Themen abgeleitet werden,
- durch die Kooperation mehrerer Museen und ein breites Veranstaltungsprogramm wird eine Erlebbarkeit der Marke geschaffen,
- die Wiederaufnahme religiöser Themen und der besondere Bezug zur Stadt gewährleisten die Selbstähnlichkeit.

Praktische Anforderungen an die Gestaltung von Logos

Obwohl eine Marke weitaus mehr ist als nur ein Logo (bzw. Slogan), spielen *Erkennbarkeit, Attraktivität und Verständlichkeit des Logos* eine zentrale Rolle in der Marken- und Kommunikationspolitik von Kultureinrichtungen.

Abb. 26: In den letzten Jahren war Paderborn Schauplatz mehrerer Sonderausstellungen zu religiösen Themen (z. B. „Franziskus – Licht aus Assisi"). Diese Veranstaltungen tragen zu einer glaubwürdigen kulturellen Markenbildung bei, denn sie stehen in einem engen inhaltlichen Zusammenhang mit der katholischen Prägung der Stadt (die sich auch im „schwarzen" Image Paderborns widerspiegelt).

Hinsichtlich der graphischen bzw. bildlichen Gestaltung des Logos gibt es *vielfältige Möglichkeiten* – von reinen Wortmarken über Logos mit geometrischen, architektonischen oder figurativen Elementen bis hin zu Logos mit inhaltlich assoziierten Fotos oder Symbolen (vgl. hierzu ausführlich und mit zahlreichen Beispielen Prokop 2008, 93-113; Abb. 27).

Abb. 27: *Attraktiv, einprägsam und verständlich – mit seiner Kombination aus Schrift und inhaltlich assoziierter Bildmarke vermittelt das Logo (praktische Anforderungen) des „Zeppelin Museum" in Friedrichshafen eine klare und prägnante Markenbotschaft.*

In der Gestaltung des Logos sollte sich die spezifische *Corporate Culture* einer Kultureinrichtung widerspiegeln – also die Persönlichkeit, das Selbstverständnis und die Wertorientierung der jeweiligen Institution. Gleichzeitig ist darauf zu achten, dass das Logo in ein umfassendes *Corporate Design* eingebunden ist – es sollte in allen Formen der Außendarstellung verwendet werden (Geschäftspapier, Homepage, Plakate, Anzeigen, Merchandising-Artikel etc.).

Aufgrund dieser zahlreichen Verwendungsmöglichkeiten ist es notwendig, folgende *praktische Anforderungen an Logos* zu berücksichtigen:
- gewisse Zeitlosigkeit im Design (Kontinuität, kein zu rascher Wechsel),
- vertretbare Umsetzungs- und Nutzungskosten (Farb- bzw. Schwarz-Weiß-Reproduktion auf Drucksachen, Fax etc.),
- Flexibilität in der Anwendung (Größe, Platzierbarkeit),

Markenbildung von Kultureinrichtungen: Literaturtipp

John, H./Günter, B. (Hrsg.; 2008): Das Museum als Marke. Branding als strategisches Managementinstrument für Museen, Bielefeld (Landschaftsverband Rheinland, Rheinisches Archiv- und Museumsamt, Publikation der Abteilung Museumsberatung; 22)
Der Sammelband vermittelt einen guten Überblick über Ansätze, Methoden und Instrumente des Branding; darüber hinaus enthält er mehrere Beispiele aus der Museumspraxis.

3.1.2 Architektur, Wettbewerbe und Gütesiegel als Instrumente der Markenbildung

Für die Konsumgüterbranche handelt es sich beim *Branding* um einen relativ einfachen Vorgang: Sie kann Schrift, Farbe und Form dazu nutzen, ihre materiellen Produkte zu gestalten und klar zu kennzeichnen, um sie unverwechselbar zu machen. Der Dienstleistungssektor tut sich bei der Markenbildung hingegen deutlich schwerer: Angesichts der Immaterialität seines Angebots stehen ihm ausschließlich Kommunikationsmaßnahmen zur Verfügung, mit denen er jeweils auch nur ein *Leistungsversprechen* abgeben kann.

Auf dem Informations- und Werbemarkt herrscht aber bereits ein ziemliches Gedränge: Immer mehr Medien und Unternehmen wetteifern um die Aufmerksamkeit der Kunden (speziell TV, Radio und Internet). Angesichts dieses *Information Overload der Konsumenten* müssen die Werbebotschaften immer ungewöhnlicher, eindrucksvoller und kreativer werden, um überhaupt wahrgenommen zu werden.

Als ein innovatives Instrument der Markenbildung hat sich dabei die *Architektur* erwiesen, die in den letzten Jahren vor allem von Unternehmen, Städten und Tourismusdestinationen dazu genutzt wurde, auf dem internationalen Markt als spannende Besucherattraktionen größere Bekanntheit zu erlangen. Das bekannteste Beispiel ist sicherlich Dubai, das seit 1999 mit dem spektakulären Luxushotel „Burj Al Arab" über ein *einprägsames touristisches Markenzeichen* verfügt (die Silhouette in Form eines riesigen Schiffssegels zierte eine Zeit lang sogar die örtlichen Kfz-Kennzeichen).

Seit auch Kultureinrichtungen bewusst geworden ist, dass sie offensiv auf dem Freizeit- und Tourismusmarkt auftreten müssen, um neue Besucher zu gewinnen, hat die Architektur eine neue Bedeutung erhalten. Seit Ende der 1980er-Jahre sind zahlreiche Museen nach *Entwürfen internationaler Stararchitekten* errichtet bzw. umgebaut worden Als berühmte Beispiele sind zu nennen:

- die Pyramide im Innenhof des „Louvre" in Paris (1989; Miri Ming Pei),
- das „Jüdische Museum" in Berlin (1992; Daniel Libeskind),
- das „Guggenheim Museum" in Bilbao (1997; Frank O. Gehry),
- der „Quadracci Pavilion" im „Milwaukee Art Museum" (2001; Santiago Calatrava),
- das Science Center „Phaeno" in Wolfsburg (2005, Zaha Hadid),
- das „Militärhistorische Museum der Bundeswehr" in Dresden (2011; Daniel Libeskind; vgl. Abb. 28).

Doch beim Kampf um die Aufmerksamkeit der Konsumenten sind Kultureinrichtungen nicht die einzigen Akteure, die sich der Signalwirkung von Architektur bedienen. Als mächtige Konkurrenten sind die *Global Players* der Konsumgüterindustrie zu nennen. Speziell Autokonzerne wie „Volkswagen", „BMW" und „Mercedes Benz" nutzen in ihren eindrucksvollen *Markenerlebniswelten (Brand Lands)* eine neuartige *Corporate Architecture*, um ihre Unternehmenswerte auf symbolische Weise zu kommunizieren (Qualität, Sicherheit, Innovation, Umweltorientierung etc.).

Abb. 28: *Immer mehr Museen nutzen spektakuläre Architekturelemente, um auf dem Kultur- und Tourismusmarkt zusätzliche Aufmerksamkeit zu erzielen. Ein unverwechselbares Markenzeichen des „Militärhistorischen Museums der Bundeswehr" in Dresden ist der transparente Keil, der – nach einem Entwurf des Architekten Daniel Libeskind – die neoklassizistische Fassade durchbricht.*

Was ist *Corporate Architecture*?

„Betrachtet man ein Gebäude als soziale Tatsache, dann bedeutet Corporate Architecture, einen Raum und einen Ort zu schaffen, der die Authentizität des Unternehmens sichtbar und erlebbar macht und den Bürger ungezwungen daran teilnehmen lässt" (Henn Architekten Ingenieure 2000, 5).

Operatives Management 91

Aufgrund des hohen finanziellen Aufwands für Neu- und Umbauten können *kleinere Kultureinrichtungen* in diesem Wettstreit der spektakulären architektonischen Gestaltung zwar nicht mithalten, aber doch von den prominenten Beispielen lernen:

Abb. 29: In Bruneck (Südtirol/Italien) wird die hohe Rotunde am postmodernen Rathausgebäude in den Sommermonaten als überdimensionale Litfaßsäule genutzt, um Einheimische und Touristen auf das aktuelle Veranstaltungsprogramm hinzuweisen.

- Speziell Burgen, Schlösser, Klöster und Freilichtmuseen verfügen häufig über ungewöhnliche Gebäude, deren *einprägsame Silhouette* bei der Gestaltung des Logos erfolgreich eingesetzt werden kann (es sei nur an Schloss Neuschwanstein erinnert, das *Walt Disney* nicht nur als Vorbild für den Entwurf des „Cinderella Castle" in seinen Themenparks diente, sondern für das Logo der Firmen „Walt Disney Pictures" und „Buena Vista Motion Picture Group").
- Kultureinrichtungen in austauschbaren, modernen Zweckbauten können zumindest die *Fassade des Gebäudes* nutzen, um die Besucher auf sich

aufmerksam zu machen – z. B. durch überdimensionierte Ausstellungsplakate (vgl. Abb. 29) oder eine nächtliche Lichtarchitektur, die selbst zur Attraktion wird (speziell in Frankreich haben die „Son & Lumière"-Spektakel eine lange Tradition).

Teilnahme an Wettbewerben und Einsatz von Gütesiegeln

Vertrauen schaffen und Qualität signalisieren – das sind (neben der Differenzierung von anderen Anbietern) die wesentlichen Ziele der Markenbildung. Im Rahmen ihrer Kommunikationspolitik können Kultureinrichtungen dabei zwei Instrumente einsetzen, die sich auch im Konsumgüterbereich großer Beliebtheit erfreuen – die *Teilnahme an Wettbewerben* und der *Einsatz von Gütesiegeln* (diese Maßnahmen sind nicht nur Teil der Kommunikationspolitik, sondern vor allem auch des Qualitätsmanagements; → 3.3).

Eine entsprechende Aus- und Kennzeichnung signalisiert den Besuchern eine *hohe Qualität des kulturellen Angebots*, die durch das objektive Urteil neutraler Instanzen gewährleistet wird:

- Als Beispiel für einen Wettbewerb im Kultursektor ist der *„European Museum of the Year Award"* (EMYA), der seit 1977 vom „European Museum Trust" vergeben wird. Um diesen Preis können sich Museen bewerben, die innerhalb der letzten drei Jahre neu eröffnet oder vollkommen reorganisiert worden sind. Zu den deutschen Preisträgern gehören u. a. das „Landesmuseum für Technik und Arbeit" in Mannheim (1992), das „Deutsche Auswandererhaus" in Bremerhaven (2007) und das „Ozeaneum – Deutsches Meeresmuseum" in Stralsund im Jahr 2010 (vgl. europeanmuseumforum.ru/emya.html).
- Eine vergleichbare Funktion haben *Akkreditierungen* und *Gütesiegel*: So ist z. B. der Begriff „Museum" in vielen Ländern nicht gesetzlich geschützt. Um Besuchern, öffentlichen Förderern und privaten Sponsoren gewisse Mindeststandards hinsichtlich Wissenschaftlichkeit, Information, Service etc. zu ver-mitteln, ist bereits in den 1970er-Jahren von der *„American Association of Museums"* (AAM) ein Akkreditierungsverfahren entwickelt worden. Auch in zahlreichen europäischen Ländern gibt es inzwischen Programme zur Registrierung, Akkreditierung und Auszeichnung von Museen – u. a. das *„Österreichische Museumsgütesiegel"*, das im Jahr 2011 vom „International Council for Museums – Nationalkomitee Österreich" initiiert wurde (vgl. www. museumsguetesiegel.at).

Operatives Management

Abb. 30: Durch die Teilnahme an Wettbewerben wie dem „European Museum of the Year Award" (EMYA) können Museen den potenziellen Besuchern die hohe Qualität ihres Angebots signalisieren; hierzu ist es allerdings notwendig, dass die Auszeichnung in der gesamten Außerdarstellung offensiv kommuniziert wird.

Architektur, Wettbewerbe und Gütesiegel als Instrumente der Markenbildung: Literaturtipps

Henn Architekten Ingenieure (2000): Corporate Architecture, Berlin
 An den Beispielen der „Autostadt" in Wolfsburg und der „Gläsernen Manufaktur" in Dresden werden Ziele und Gestaltungsprinzipien der *Corporate Architecture* erläutert.
Brüggerhoff, S. (2011): Gütesiegel, Zertifikat und Akkreditierung – Wie erreicht man echte Qualität? – In: Hausmann, A./Murzik, L. (Hrsg.): Neue Impulse im Kulturtourismus, Wiesbaden, 50-63
 Der Beitrag gibt einen guten Überblick über die Entwicklung und den aktuellen Stand der Diskussion zur Qualitätssicherung bzw. zum Qualitätsmanagement im Museumsbereich; dabei plädiert der Autor für einen differenzierten Einsatz der unterschiedlichen Ansätze und Instrumente.

3.2 Touristische Marketing-Maßnahmen von Kultureinrichtungen

Ein attraktiver Marktauftritt sichert den Kultureinrichtungen zunächst einmal die notwendige Aufmerksamkeit, doch das operative Marketing kann sich nicht auf den Entwurf unverwechselbarer Logos, die spektakuläre Gestaltung der Fassade oder den Erwerb eindrucksvoller Gütesiegel beschränken. In der alltäglichen Arbeit müssen nun die *hohen Erwartungen* erfüllt werden, die bei den Kunden geweckt worden sind.

Dazu können die Kulturakteure auf das hinlänglich bekannte *Instrumentarium des Marketing-Mix* zurückgreifen, das mehrere Bereiche umfasst (vgl. Hausmann 2011, 51-61; Abb. 31):

- Aufgabe der *Leistungs- bzw. Produktpolitik* ist die Gestaltung des gesamten kulturellen Angebots – von der Ausschilderung über die Präsentation der Exponate und die Information der Besucher bis hin zu Zusatzleistungen wie Shops/Merchandising-Produkten und Gastronomie (→ 3.2.1).

Abb. 31: *In der alltäglichen operativen Arbeit können Kultureinrichtungen auf die bewährten Instrumente des Marketing-Mix zurückgreifen – die Leistungs-, Preis-, Distributions- und Kommunikationspolitik.*

- Die *Preispolitik* bezieht sich auf alle Entscheidungen bezüglich der Höhe und Art von Gebühren, Entgelten bzw. Preisen, die für die Leistungen von Kultureinrichtungen zu entrichten sind – z. B. Eintritte, Führungen, Vermietungen (→ 3.2.2).
- Die *Distributionspolitik* befasst sich mit unterschiedlichen Absatzwegen für Tickets bzw. Pauschalangebote – z. B. direkte oder indirekte Formen des Absatzes (→ 3.2.3).

- Die *Kommunikationspolitik* unterstützt und aktualisiert die Markenbildung von Kultureinrichtungen – z. B. durch Werbemaßnahmen, Öffentlichkeits- und Pressearbeit, Verkaufsförderung etc. (→ 3.2.4).
- Beim Einsatz dieser Instrumente ist allerdings zu berücksichtigen, dass es sich bei Kultureinrichtungen (aufgrund ihres öffentlichen Bildungsauftrags und ihres traditionellen Selbstverständnisses) nicht um typische touristische Attraktionen handelt – wie z. B. Freizeitparks oder Unterhaltungseinrichtungen. Vor diesem Hintergrund sind auch die *Grenzen des kulturtouristischen Marketings* zu definieren (→ 3.2.5).

Der Marketing-Mix gehört inzwischen zum alltäglichen Handwerkszeug von Unternehmen und Organisationen – aber auch von vielen Kultureinrichtungen. Da zu diesem Thema bereits zahlreiche betriebswirtschaftliche Lehrbücher vorliegen, kann hier auf eine generelle Darstellung verzichtet werden (vgl. Hausmann 2011 zu weiterführenden Literaturhinweisen).

Im Mittelpunkt der folgenden Überlegungen steht vielmehr die Frage: Wie können Kulturakteure die Instrumente des Marketing-Mix erfolgreich einsetzen, um speziell *den touristischen Markt* zu bearbeiten?

Zur Beantwortung dieser Frage ist es notwendig, sich noch einmal die *Besonderheiten der kulturell interessierten Touristen* in Erinnerung zu rufen (→ 1.1.2):

- Bei Touristen handelt es sich generell um *Ortsfremde*, die vielfältige Informationen benötigen, um sich in der Tourismusdestination zu orientieren. Außerdem halten sie sich dort nur *temporär* auf; angesichts ihres *knappen Zeit- und Geldbudgets* müssen sie kurzfristig entscheiden, wie und wo sie ihre Freizeit verbringen wollen.
- In dieser Situation interessieren sich speziell die Kulturtouristen für das Besondere, das Typische – den Superlativ *(selektiver Blick)*. In der Mehrzahl haben sie ein *laienhaftes Verständnis von Kunst, Kultur und Geschichte*. Darüber hinaus schätzen es viele Kulturtouristen, ihren Urlaubsalltag durch *Besichtigungsrituale* zu strukturieren – auch als Möglichkeit, die Gemeinschaft mit Anderen zu erfahren.

Im Sinne einer professionellen Marktorientierung sollte jede Kultureinrichtung ihren Marketing-Mix konsequent auf diese Merkmale und Erwartungen der potenziellen Kunden hin ausrichten. Gleichzeitig sollte ihr bewusst sein, dass sie – aus Sicht der Besucher – nur als *ein* Attraktionspunkt in einem breiten Spektrum von Freizeit- und Unterhaltungsangeboten betrachtet wird. Hinsichtlich ihrer Leistung, ihrer Preisgestaltung und ihrer Buchbarkeit muss sie also *erkennbare Vorteile* gegenüber den Mitbewerbern aufweisen, um die unentschiedenen Konsumenten für sich zu gewinnen.

3.2.1 Leistungspolitik: Ausschilderung – Präsentation – Besucherinformation – Zusatzangebote

Eigenständige und vernetzte Attraktionspunkte auf dem Tourismusmarkt schaffen – diese Zielsetzung sollten tourismusorientierte Kulturakteure generell verfolgen. Im Rahmen des Marketing-Mix spielt dabei die Leistungspolitik eine zentrale Rolle.

Die spezifische Leistung einer Kultureinrichtung lässt sich charakterisieren „als ein Bündel von Eigenschaften, die kombiniert werden und es erlauben, die verschiedenen Bedürfnisse eines Nachfragers (z. B. Auseinandersetzung mit Kunst und Kultur, Bildungserlebnis, geistige Anregungen, sinnvoll Freizeitgestaltung, interessante „Location" für ein Treffen mit Freunden) zu befriedigen und damit einen möglichst großen Kunden- bzw. Besuchernutzen zu schaffen" (Hausmann 2011, 53).

Was bedeuten diese grundsätzlichen Überlegungen nun für eine *tourismusbezogene Leistungspolitik*? Folgende praktische Schritte der Umsetzung sind notwendig (vgl. Abb. 32):

- eine *klare Ausschilderung der Kultureinrichtung* (da sich die auswärtigen Besucher in der Tourismusdestination orientieren müssen),
- ein *übersichtliches und (thematisch) strukturiertes Angebot an Exponaten, Führungen etc.* (aufgrund des selektiven Blicks der Touristen),
- eine *begrenzte Zahl von Vorschlägen für individuelle Besichtigungen* – differenziert nach speziellen Interessen der Besucher (angesichts des knappen Zeitbudgets),
- eine *anschauliche und verständliche Präsentation der Exponate* – eventuell unterstützt durch Multimedia-Stationen/-Attraktionen bzw. Simulationen (da es sich bei Urlaubern überwiegend um Laien handelt),
- ein *niveauvolles Sortiment an Merchandising-Produkten* (weil Touristen als Erinnerung an die schönen Urlaubstage gerne Souvenirs erwerben),
- ein *zeitgemäßes gastronomisches Angebot*, weil sich Touristen – als Ortsfremde – während ihrer Reise verpflegen müssen.

Operatives Management

Was ist ein Attraktionspunkt?

- „ein Netzwerk von Erlebnismöglichkeiten wie Sport, Kultur, persönliche Erfahrungen, Shopping;
- ein Netzwerk von ergänzenden Dienstleistungen wie Gastronomie, Gerätevermietung, Hotellerie etc.;
- eine bestimmte Stimmung, die sich aus den Angeboten und den übrigen Besuchern als Mitproduzenten [...] ergibt" (Bieger/Laesser/Bischof 2003, 17).

Ausschilderung von Kultureinrichtungen

„Kinder und Jugendliche dort abholen, wo sie stehen" – dieses Grundprinzip der Pädagogik gilt auch für Touristen. Kulturakteure sollten sämtliche Möglichkeiten der Ausschilderung nutzen, um die Urlauber auf sich aufmerksam zu machen.

Abb. 32: Innerhalb ihrer Leistungspolitik können Kultureinrichtungen unterschiedliche Marketing-Maßnahmen einsetzen, um die spezifischen Erwartungen der Touristen zu befriedigen.

Sinnvoll ist dabei ein *gestuftes Informationssystem mit zahlreichen Kontaktstellen*, das an den Passage- und Ankunftsorten beginnt und an den Kultureinrichtungen endet:
- eine außerörtliche Ausschilderung an Bundesautobahnen sowie Bundes- und Landstraßen (vgl. Abb. 33),
- eine innerörtliche Ausschilderung im Ankunftsbereich von Flug- und Bahnhöfen, an Bus- und Straßenbahnhaltestellen sowie in nahegelegenen Parkhäusern und auf Parkplätzen,
- Hinweis- und Informationstafeln an Gebäuden.

Praxisbeispiel Ausschilderung von Kultureinrichtungen:
Touristische Unterrichtungstafeln

Einer zunehmenden Popularität erfreuen sich die „Touristischen Unterrichtungstafeln", die an Bundesautobahnen aufgestellt werden. Entsprechende Hinweisschilder, mit denen Reisende auf Baudenkmäler, Kulturstätten und Landschaften hingewiesen werden, gibt es in Frankreich bereits seit den 1970er-Jahren. In Deutschland werden die braunen Schilder mit weißer Schrift und weißen Piktogrammen seit 1984 verwendet. Inzwischen liegt auch die umfangreiche Publikationsreihe „Entdeckungsreise Autobahn" vor, in der die ausgeschilderten Sehenswürdigkeiten erläutert werden (vgl. www.entdeckungsreise-autobahn.de).

Für eine professionelle Ausschilderung gelten die Grundprinzipien des *Corporate Design*, denn erst durch eine einheitliche Verwendung von Logo, Slogan etc. in allen Kommunikationsmitteln wird die Wiedererkennbarkeit der Kultureinrichtung gewährleistet (→ 3.1.1).

Innerhalb des gestuften Ausschilderungssystems sollte der *Informationsgehalt der Tafeln* mit zunehmender Annäherung an die Einrichtung steigen:
- Um eine klare Signalwirkung zu erzielen, enthalten die außer- und innerörtlichen Wegweiser nur *Basisinformationen* wie den Namen der Einrichtung und ein aussagekräftiges Logo bzw. Piktogramm.
- Auf der Tafel an der Gebäudefront können (neben dem Logo und dem Namen) auch *spektakuläre Fotos* und *schlagwortartige Aussagen* platziert werden. Mit wenigen Worten gelingt es z. B. dem schottischen St. Andrews Castle, eine besondere Spannung zu erzeugen und die Passanten zu einem Besuch anzuregen: *„Violent sieges, medieval murders und devious plots – find out more inside."* Darüber hinaus kann die Tafel dazu genutzt werden,

Operatives Management

den potenziellen Besuchern praktische Informationen zu Öffnungszeiten, Preisen etc. zu geben (vgl. Abb. 34).

Abb. 33: Seit den 1980er-Jahren gibt es in Deutschland entlang der Bundesautobahnen die „Touristischen Unterrichtungstafeln", mit denen Reisende auf Sehenswürdigkeiten hingewiesen werden (z. B. den „Maximilianpark" in Hamm – einen Ankerpunkt der „Route der Industriekultur" im Ruhrgebiet).

Neben der Wegweisung, Information und Motivation der Gäste kann die Ausschilderung aber noch eine weitere wichtige Funktion übernehmen – die *Lenkung der Verkehrs- und Besucherströme*. Speziell im Umfeld populärer Attraktionen mit einem hohen Besichtigungsaufkommen verursacht der fließende und ruhende Pkw-Verkehr zahlreiche Probleme, die sich mit Hilfe von Hinweisschildern, elektronischen Verkehrsleitsystemen (mit Informationen über freie Parkplätze), *Park-and-Ride*-Parkplätze (mit Pendelbussen) und anderen Infrastrukturmaßnahmen minimieren lassen (vgl. Baxter/Chippindale 2006 mit einer anschaulichen Fallstudie zur Besucherlenkung im südenglischen Stonehenge).

Exponate – Präsentationen – Veranstaltungen

Die Begegnung mit Kultur kann auf vielerlei Weise erfolgen – durch die Besichtigung einer mittelalterlichen Burg, den Spaziergang in einer barocken Gartenanlage oder die Betrachtung eines romantischen Gemäldes. Die *Vermittlung dieser authentischen Erfahrung von Kultur steht sicherlich im Mittelpunkt der touristischen Leistungspolitik von Kultureinrichtungen (damit verfügen sie über eine Unique Selling Proposition – speziell im Vergleich zum Angebot „künstlicher" kommerzieller Erlebnis- und Konsumwelten).*

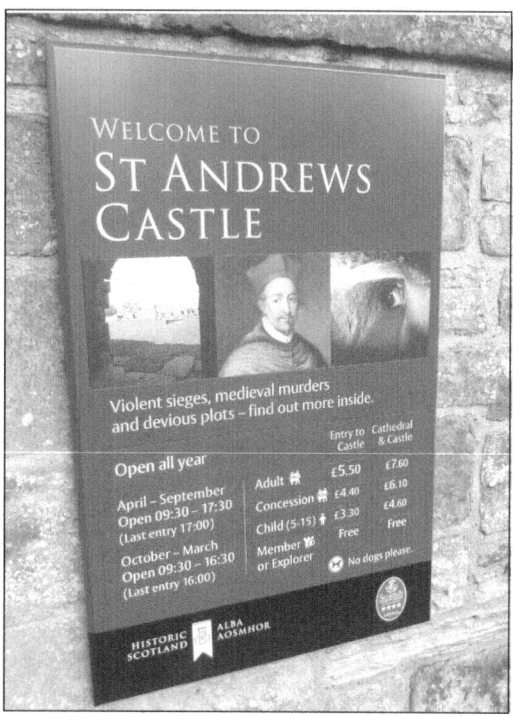

Abb. 34: Nützlich und anregend sind die Informationen am St. Andrews Castle in Schottland. Neben praktischen Angaben zu Öffnungszeiten und Preisen finden sich auf der Tafel auch spektakuläre Fotos und schlagwortartige Aussagen, mit denen die Neugier der Passanten geweckt wird.

Um Touristen Kunst, Kultur, Geschichte bzw. Technik näher zu bringen, bedarf es vor allem einer grundlegenden Fähigkeit zur Empathie. Beim Sammeln, Forschen und Bewahren sollten die Kulturakteure auf keinen Fall ihren wissenschaftlich-systematischen Anspruch preisgeben; doch hinsichtlich der Präsentation und Vermittlung sollten sie einen *Perspektivwechsel* vornehmen und sich in ihre Kunden hineinversetzen:
- Woran haben die Urlauber ein besonderes Interesse?

- Welchen Stellenwert hat der Besuch für sie im Rahmen ihrer Urlaubsreise und ihres Alltagslebens?
- Welche Vorkenntnisse bringen sie mit?
- Welchen Nutzen kann der Besuch für sie haben?

Natürlich wird jede Kultureinrichtung diese Fragen in einer spezifischen Weise beantworten. Dennoch gibt es einige *generelle Leitlinien für eine kundengerechte Leistungspolitik*, die zwar nicht nur für den touristischen Markt gelten, doch für diesen eine besondere Bedeutung haben (vgl. Mandel 2008, 84-85):

- "bei den Motiven und Bedürfnissen der Menschen auf einer mittleren Ebene ansetzen; Entwicklung von (niedrigschwelligen) Programmen, die deutlich an den Interessen und Lebenswelten eines potenziellen Publikums orientiert sind und dabei auch kulturferne Bevölkerungsgruppen berücksichtigen;
- die Sprache der Menschen sprechen und den typischen Kunstjargon vermeiden; [...]
- Anknüpfungspunkte über bereits bekannte Kulturproduktionen geben; Bezüge zu Alltagsthemen herstellen [...];
- angenehme Rahmenbedingungen schaffen; Serviceorientierung;
- ereignisorientierte Formen der Vermittlung entwickeln, die mit außergewöhnlichen Rahmenprogrammen spielen, Menschen auf verschiedenen Sinnesebenen ansprechen und Raum für Kommunikation und eigene Beteiligung lassen [...]."

Praxisbeispiel Raum für Kommunikation und eigene Beteiligung: „Junges Museum Speyer" (Jumus)

Das „Junge Museum Speyer" wurde im Jahr 1999 als erstes Kinder- und Jugendmuseum in Rheinland-Pfalz gegründet (es ist Teil des „Historischen Museums der Pfalz"). Das „Jumus" versteht sich als Ort der Kommunikation; mit seinen erlebnisorientierten „Familien-Mitmach-Ausstellungen" spricht es Eltern, Kinder und Jugendliche an, gemeinsam neue Erfahrungen zu machen.

Die Projekte beschäftigen sich mit Themen aus Kunst, Kultur und Gesellschaft, die bei einer breiten Zielgruppe auf Interesse stoßen – z. B. „Die Piraten. Herrscher der sieben Weltmeere" und „Ägyptens Schätze entdecken" (vgl. Abb. 35). Die Inhalte werden in einer ungezwungenen Atmosphäre auf spielerische und leicht verständliche Weise vermittelt; dabei erhalten die Teilnehmer zahlreiche Anregungen, sich kreativ mit den Themen auseinanderzusetzen (vgl. www.museum.speyer.de).

Ein Thema aus Sicht der Besucher wahrnehmen – dieser grundsätzliche Perspektivwechsel, den Kulturakteure im Rahmen ihrer Leistungspolitik vornehmen sollten, impliziert auch mehrere *Grundprinzipien der Vermittlung:*
- *Auswahl und Präsentation der Exponate:* Was ist das besonders Sehenswerte in unserer Einrichtung? Welche Ausstellungsstücke bzw. Räumlichkeiten sind für das Verständnis unseres Themas von zentraler Bedeutung? Diese beiden Fragen sollten bei der Auswahl und Präsentation im Vordergrund stehen. Dabei gilt der Grundsatz: Weniger ist mehr! Statt einer Fülle ähnlicher Exponate sollten nur wenige Kunst- bzw. Alltagsgegenstände gezeigt werden, die den Gästen eine intensive Auseinandersetzung mit Kultur und Geschichte ermöglichen. Der ästhetische Reiz und die fachliche Relevanz einzelner Ausstellungsstücke können durch multimediale Inszenierungstechniken betont werden – z. B. Lichtinstallationen, Duftsimulationen, Toneffekte.

Praxisbeispiel Inszenierung von Exponaten:
Beleuchtungskonzept für die Nofretete-Büste im „Neuen Museum" in Berlin

„Sie ist das empfindlichste Objekt, was wir bisher ausgeleuchtet haben", sagt [die Lichtdesignerin Gabriele] von Kardorff, die Licht als vierte Dimension der Architektur sieht. „Nofretete ist durch diese experimentell entwickelte optimale Beleuchtung vom hübschen Topmodel zu einer schönen Frau geworden", sagt Dietrich Wildung, Direktor Ägyptisches Museums von 1989-2009.

Gabriele von Kardorff wollte ein perfektes Zusammenspiel zwischen Tageslicht und Kunstlicht erreichen. Es sollte sowohl am Tag als auch über das gesamte Jahr hinweg mit den Ausstellungsobjekten funktionieren. „Das war eine große Herausforderung", erinnert sich die Lichtplanerin. Sie musste die Architektur des Gebäudes aus dem 19. Jahrhundert einbeziehen. [...]

„Wir wissen erst jetzt, dass der Bildhauer Nofretete nachträglich zarte Falten in die Gesichtspartie gearbeitet hat, insbesondere rund um die Augen", sagt Wildung. „Dadurch bekommt die Darstellung einen hohen Grad an Individualität und Ausdrucksstärke"" (Quelle: www.3sat.de/page/?source=/nano/news/111332/index.html).

Operatives Management

Abb. 35: Mit seinen „Mitmach-Ausstellungen" spricht das „Junge Museum Speyer" ein breites Publikum an – speziell Kinder und Jugendliche. Durch eine Mischung aus Originalen, Rekonstruktionen und Medien wird das jeweilige Thema auf anschauliche und leicht verständliche Weise vermittelt.

- *Übersichtlichkeit:* Für auswärtige Besucher sind Kultureinrichtungen unbekannte Orte, in denen sich rasch orientieren müssen. Da mag mancher Kulturinteressierte in großen Museen wie dem „Louvre," schon verzweifeln – mit 35.000 Exponaten auf 60.000 Quadratmetern Fläche. Neben einem klaren Übersichtsplan am Eingang (bzw. auf dem Ticket) und einer verständlichen internen Ausschilderung erweisen sich deshalb auch *differenzierte Besichtigungsvorschläge* als sinnvolles Instrument, für Übersichtlichkeit zu sorgen. Als Vorbilder können z. B. die Besucherzentren in den US-amerikanischen Nationalparks dienen: Dort gibt es Karten mit unterschiedlichen langen

Routenvorschlägen – für einstündige Spaziergänge, mehrstündige Wanderungen bzw. mehrtägige Ausflüge. Eine ähnlich pragmatische Informationspolitik betreibt auch der englische „National Trust": Bereits in seinem Handbuch informiert er die Besucher darüber, was in den einzelnen Einrichtungen besonders sehenswert ist (und regt sie zugleich zu eigenen Aktivitäten an).

Praxisbeispiel Übersichtlichkeit von Kultureinrichtungen:
Handbuch des englischen „National Trust"

Das Handbuch enthält kurze Beschreibungen der historischen Objekte des „National Trust"; neben praktischen Informationen finden sich auch Angaben zu den jeweiligen Besonderheiten der Anlagen (und unter dem Stichwort „Explore" werden die Leser zu eigenen Aktivitäten animiert) – wie das Beispiel „Sissinghurst Castle" in Kent zeigt:
„– Visit the garden and discover the intimate atmosphere.
- See the new exhibition on Sissinghurst Castle's prisoner of war.
- Explore the estate walks, open all year.
- Visit our organic vegetable garden between May and September.
- Enjoy home-grown food in the Granary Restaurant" (Quelle: National Trust (Hrsg.; 2012): Handbook 2012, Swindon/Wiltshire).

- *Anschaulichkeit:* Da die (touristischen) Besucher im Allgemeinen über geringe Vorkenntnisse verfügen, sollte ihr historisches Vorstellungsvermögen angeregt werden. Zu den besonders eindrucksvollen Formen einer anschaulichen Vermittlung gehören sicherlich die dreidimensionalen *Dioramen* und *Cycloramen*, deren Ursprünge bis in das 18. Jahrhundert zurückreichen. In diesen Installationen sind die Exponate in realistisch anmutende Alltags- bzw. Naturszenen eingebettet, die u. a. mit Hilfe von Figuren, Pflanzen, Gegenstände und (Trompe l'oeil)-Gemälden kreiert werden (vgl. Abb. 36). Ähnliche – wenn auch modernere – Inszenierungstechniken kommen auch in thematischen *Multimedia-Attraktionen* zum Einsatz, um die historische Phantasie der Gäste zu animieren. Im „Imperial War Museum" in London können Besucher z. B. in der „Trench Experience" bzw. der „Blitz Experience" die dramatische Atmosphäre in einem Schützengraben des Ersten Weltkriegs bzw. einem Luftschutzkeller des Zweiten Weltkriegs hautnah erleben (vgl. Abb. 37).

Operatives Management 105

Abb. 36: Zu den traditionellen Formen einer anschaulichen Informationsvermittlung gehören die Cycloramen – große 360°-Installationen, in den historische Ereignisse mit Hilfe von (Trompe l'oeil-)Gemälden, Figuren, Gegenständen sowie Ton- und Lichteffekten dargestellt werden (z. B. das Panorama in Sewastopol/Ukraine, das die Verteidigung der Stadt während des Krimkrieges zeigt).

**Praxisbeispiel Erlebnisorientierte technische Simulationen:
„Blitz Experience" im „Imperial War Museum", London**

„Die Luftschutzkeller-Nachbildung ist in einer Art Container untergebracht, in den Ordner Gruppen von jeweils 30 Personen schleusen. Die Besucher zucken zusammen, wenn die Tür ins Schloss fällt – fades Licht, muffiger Geruch, Alarmsirenen beginnen zu heulen.

Geräusche vom Band simulieren einen Luftangriff. Hydraulische Pressen schütteln den Raum – ganz so, als ob Bomben explodierten. Ohrenbetäubendes Krachen signalisiert einen nahen Einschlag. Das Licht geht aus. Durch Düsen zischt Rauch. Verletzte rufen um Hilfe. Dann künden Kommandos näher rückende Rettungstrupps an. In den Klang der Entwarnungssirene mischt sich patriotischer Gesang – und die Besucher im nachgebauten Bunker fallen ein: „Land of Hope and Glory".

Land der Hoffnung und des Ruhmes. 50 Jahre nach der Luftschlacht über England wollen Zehntausende die „Blitz Experience" im Londoner Imperial War Museum nacherleben. „Blitz", das deutsche Wort, steht für die Luftangriffe auf London 1940/41" (Quelle: Der Spiegel, 24. September 1990).

Abb. 37: Das Londoner „Imperial War Museum" nutzt aufwändige Installationen, um historisches Wissen anschaulich und packend zu vermitteln. In der „Blitz Experience" wird z. B. mit Hilfe von Geräuschen und Lichteffekten die dramatische Atmosphäre eines deutschen Luftangriffs im Zweiten Weltkrieg simuliert; außerdem ist eine Straßenszene im bombardierten London nachgebaut worden.

Anschaulichkeit, Übersichtlichkeit und eine attraktive Auswahl von Exponaten – diese Grundprinzipien der Vermittlung zählen sicherlich zu den Erfolgsfaktoren einer *tourismusbezogenen Leistungspolitik von Kultureinrichtungen*. Sie dienen dazu, den Besuchern ein eindrucksvolles Kunst- und Kulturerlebnis zu ermöglichen und sie damit zu zufriedenen Kunden (und Werbeträgern) zu machen.

In einer mittelfristigen Perspektive sollten Kultureinrichtungen allerdings daran interessiert sein, die Gäste nicht nur für einen einmaligen Besuch zu motivieren, sondern sie als *Wiederholungs- bzw. Stammgäste* zu gewinnen. Warum sollte aber ein Urlauber, der bereits einmal ein Museum, ein Schloss oder ein Kloster besichtigt hat, diesen Attraktionspunkt erneut aufsuchen? Da die Reise für ihn mit einem hohen Zeit-Kosten-Mühe-Aufwand verbunden ist, wird er sie in der Regel nur unternehmen, wenn ihm ein neuer Anlass gegeben wird.

Kultureinrichtungen sollten sich also generell als *Bühnen* verstehen, auf denen – neben dem Standardprogramm (Dauerausstellungen, Raumprogramm etc.) – immer wieder neue *Stücke* aufgeführt werden: Sonderausstellungen, Vorträge, Workshops etc. Ein effizientes Instrument, auf überregionaler, nationaler bzw. internationaler Ebene Aufmerksamkeit zu erzeugen, sind dabei *große und spektakuläre Events* – also „speziell inszenierte oder herausgestellte Veranstaltungen von begrenzter Dauer mit touristischer Ausstrahlung" (Freyer 1998, 19).

Da der Event-Begriff in den letzten Jahren eine *inflationäre Verbreitung* erfahren hat, erweist sich eine exakte begriffliche Abgrenzung als problematisch; dennoch lassen sich einige *typische Merkmale von Events* festhalten (vgl. Holzbaur u. a. 2005, 6):
- die Einmaligkeit (im Sinne des Einzigartigen),
- die Einbeziehung der Teilnehmer,
- der Zusatznutzen und der positive Erinnerungswert für die Teilnehmer,
- die Vielfalt an Ereignissen, Medien und Wahrnehmungen,
- die Verbindung von subjektiven Eindrücken und objektiven Symbolen,
- die Planung, Organisation und Inszenierung der Veranstaltung.

Festspiele, Sonderausstellungen, Preisverleihungen, Kunstaktionen, Podiumsdiskussionen, Präsentationen, Galaabende – es gibt unzählige Anlässe, bei den Kultureinrichtungen als *Bühnen für Events* dienen können (allein die Zahl von Musikfestivals beläuft sich in Deutschland auf ca. 400 Veranstaltungen). Trotz dieser großen Anzahl und inhaltlichen Vielfalt ist es möglich, einige generelle *Erfolgsfaktoren von Events* auszumachen:
- *„Imagination:* Illusionierung und inszenierter Kulissenzauber gehören immer dazu – so echt wie möglich. Die Kulisse kann schöner und beeindruckender als die Wirklichkeit sein.
- *Attraktion:* Besondere Attraktionen machen das Ereignis unvergleichlich. Das Gefühl des Einmaligen und Außergewöhnlichen stellt sich ein, wozu auch das Überraschende gehört.

- *Perfektion:* Die „everything-goes"-Devise verlangt Perfektion bis ins kleinste Detail" (Bohnen 2004, 148).

Für Kultureinrichtungen ist die Organisation von Events zwar mit einem beträchtlichen Aufwand verbunden, doch sie können auch einen *beträchtlichen Nutzen* daraus ziehen – direkt durch eine Steigerung des Bekanntheitsgrades, der Besucherzahlen und Einnahmen; indirekt durch den *Beitrag zur Stadtentwicklung*, denn Events tragen zur Imageverbesserung bei, beleben die lokale Wirtschaft und erhöhen die Attraktivität der Stadt für die einheimische Bevölkerung. Kultureinrichtungen können diese Effekte dazu nutzen, ihre Arbeit gegenüber den unterschiedlichen lokalpolitischen Akteuren zu legitimieren (vgl. Steinecke 2007, 59; Abb. 38).

Abb. 38: Seit 1997 wird in den Gartenanlagen von Potsdam einmal jährlich die „Potsdamer Schlössernacht" veranstaltet – ein populäres Kultur-Event, das aufgrund des steigendes Anteils auswärtiger Besucher auch für die lokale Tourismusbranche und den Einzelhandel von erheblicher Bedeutung ist.

Praxisbeispiel Events in Kultureinrichtungen: Die „Potsdamer Schlössernacht"

„Spazieren wie Preußens Könige

Nirgendwo zeigt sich Preußens Barock glanzvoller, üppiger und romantischer als im Park von Sanssouci. Schlösser und Gärten präsentieren sich in einer Landschaft von unvergleichlicher Harmonie. Das einstige Sommerparadies der preußischen Könige nahe der Hauptstadt Berlin gehört zum Weltkulturerbe.

Jedes Jahr einmal kann man den Park prächtig illuminiert in romantischer Nachtstimmung erleben. Am 18. August 2012 steigt nun schon die XIV. Potsdamer Schlössernacht. Mit Konzerten und Tanzvorführungen, mit Theaterspielen und Literaturvorträgen. Ein Barock-Rausch ganz eigener Art. Am Vorabend gibt es wie stets ein Auftaktkonzert, diesmal mit dem City of Birmingham Symphony Orchestra.

Hunderte Akteure gestalten das nächtliche Programm der Potsdamer Schlössernacht. Masken und Kostüme vergangener Epochen begegnen den Besuchern – von der Orangerie bis zum Neuen Palais, vom Chinesischen Haus bis zu den Römischen Bädern, von der Bildergalerie bis zur Friedenskirche. [...]

Das Programm der XIV. Potsdamer Schlössernacht verspricht ein rauschendes Fest. Das Medieninteresse reicht weit über Deutschland hinaus. Um den Park zu schonen, der sonst zur Nacht geschlossen ist, bleibt die Zahl der Eintrittskarten auf 33.000 beschränkt. Ein Teil der Einnahmen kommt der weiteren Rekonstruktion der preußischen Schlösser und Gärten zugute" (Quelle: www.schloessernacht-2010.de/home.html).

Events in Kultureinrichtungen: Literaturtipp

Commandeur, B./Dennert, D. (Hrsg.; 204): Event zieht – Inhalt bindet. Besucherorientierung auf neuen Wegen, Bielefeld
Was unterscheidet die Museumsprogramme von den Angeboten kommerzieller Freizeiteinrichtungen? Welche Erwartungen haben die Besucher an die Museen? Mit diesen Fragen setzen sich die praxisorientierten Beiträge in diesem Reader auseinander; dabei gehen sie vor allem auf das Spannungsfeld von spektakulären Events und inhaltlicher Arbeit der Kultureinrichtungen ein.

Besucherinformation: Homepage – Medien – Führungen

Angesichts der wachsenden Ansprüche der Touristen an das Angebot stehen Kultureinrichtungen unter einem ständigen Innovationsdruck – speziell auch im Bereich der Besucherinformation. Grundsätzlich können sie ein *breites Spektrum an Informationsmöglichkeiten* einsetzen, um ihre Exponate bzw. ihr Raumprogramm zu erläutern:
- Homepages und virtuelle Rundgänge im Internet,
- *Applications (Apps)* für Smartphones,
- Übersichtspläne, Informationstafeln und *Touch-Screen*-Monitore,
- Dia-, Video- bzw. Filmvorführungen,
- Audio-Rundgänge (CD-, MP3- bzw. iPod-gestützt),
- Besucherführungen, Erkundungen und Rallyes,
- Vorführungen und Experimente (*Hands-On*-Prinzip).

Auch bei der Aufbereitung von Informationen ist es sinnvoll, einen Perspektivwechsel vorzunehmen und sich in die Situation der Touristen zu versetzen. Angesichts ihrer mangelnden Ortskenntnis besteht bei ihnen bereits *vor Antritt der Reise* ein hoher Informationsbedarf: Was kann man in der Urlaubsdestination generell unternehmen? Welche Attraktionspunkte sind besonders sehenswert und entsprechen den eigenen Interessen? Ein geeignetes Medium, diese Fragen präzise zu beantworten, stellt das Internet dar; deshalb sollten tourismusorientierte Kultureinrichtungen über eine *professionell gestaltete Homepage* verfügen:
- Zu den *Basisanforderungen* an einen Auftritt im Internet gehören Aktualität, Übersichtlichkeit, Verständlichkeit und Benutzerfreundlichkeit.
- Im Sinne einer *Corporate Identity* und *Markenbildung* sollte die Homepage in gleicher Weise gestaltet sein wie die übrigen Kommunikationsmittel (Logo, Slogan, Schriftart etc.; → 3.1.1).
- Außerdem ist es wichtig, dass die Homepage über *Keywords* rasch in gängigen Suchmaschinen gefunden werden kann.

Neben der Vermittlung von praktischen Informationen (Exponate, Öffnungszeiten, Eintrittspreise etc.) können Kultureinrichtungen ihren Internetauftritt aber auch dazu nutzen, die Internetnutzer zu einem Besuch zu animieren – durch *attraktive virtuelle Präsentationen* (vgl. Steinecke 2010 a, 212-213):
- So bieten zahlreiche Kultureinrichtungen auf ihrer Homepage einfache *virtuelle Rundgänge* an, die auf einem interaktiven Plan mit ausgewählten Sehenswürdigkeiten basieren. Sobald die Nutzer die entsprechend markierten Stationen anklicken, werden Fotos und erläuternde Texte eingeblendet (wie bei einer PowerPoint-Präsentation bzw. einer klassischen Diashow).

- Darüber hinaus finden sich Beispiele aufwändiger *virtueller Präsentationen* – z. B. auf den Homepages der „Museumsinsel" in Berlin, des „Graphikmuseums Pablo Picasso" in Münster oder des „Louvre" in Paris. Dort können die Besucher mit einer 360-Grad-Kamera durch die Ausstellungsräume navigieren, einzelne Exponate heranzoomen und Kurzvorträge von Experten abrufen.

Ähnliche Funktionen haben auch die kostenlosen bzw. -pflichtigen *Applications (Apps)* für Smartphones („iPhone" von Apple u. a.), mit deren Hilfe sich kulturinteressierte Nutzer bereits vor Antritt ihrer Reise umfassend über Kultureinrichtungen informieren können. Im Jahr 2011 gab es im deutschsprachigen Raum allerdings erst 48 Museen, die eigene *Apps* veröffentlicht hatten – u. a. das „Ozeanum – Deutsches Meeresmuseum" in Stralsund, das „Gutenberg Museum" in Mainz und das „Bauhaus Archiv" in Berlin (vgl. www.museums-app.de/blog 15.html).

Für die Besucherinformation *innerhalb der Kultureinrichtung* gelten die gleichen Prinzipien der Vermittlung wie für die Gestaltung des gesamten Angebots: Anschaulichkeit, Übersichtlichkeit und Auswahl. Auf der Basis mehrerer Besucheranalysen im „Haus der Geschichte der Bundesrepublik Deutschland" (HDG) in Bonn hat Schäfer (2004, 106-115) *spezielle Leitlinien der Gästeinformation und -orientierung* formuliert:

- *Eingangsbereich:* Durch spektakuläre Exponate – z. B. eindrucksvolle Ausstellungsstücke oder großformatige Bilder – kann eine affektive und narrative Begrüßungssituation geschaffen werden. Generell sollte der Eingangsbereich nicht zu komplex gestaltet werden bzw. inhaltlich überladen sein, sondern einen allmählichen Einstieg in die Ausstellungsthematik bieten. Mit Hilfe großer Informationstafeln können die Besucher (speziell Stammgäste und Wiederholungsbesucher) über Themen und Termine der aktuellen Veranstaltungen informiert werden (vgl. Abb. 39).
- *Strukturierung:* Die Analyse der Besucherwege machte deutlich, dass die Gäste eine klare Wegeführung innerhalb der Ausstellung bevorzugen (anstatt eines unübersichtlichen Angebots mit vielen Optionen). Zur Strukturierung der Dauerausstellung nutzt das HDG z. B. „Wahlplattformen": Auf den einheitlich gestalteten Informationselementen werden die Ergebnisse der jeweiligen Bundestagswahlen wiedergegeben; diese Angaben erleichtern den Besuchern eine zeitliche Einordnung aller Exponate.
- *Texte:* Neben inhaltlichen Aspekten (Verständlichkeit) sind auch formale Fragen zu berücksichtigen. Im Sinne einer semantischen Optimierung sollte pro Zeile möglichst nur eine Sinneinheit formuliert werden. In ihrer Zeilenlänge müssen die Textformate leicht erfassbar gestaltet werden; außerdem sind Worttrennungen über den Zeilenumbruch zu vermeiden. Darüber hinaus

sollten die Texttafeln benutzerfreundlich aufgestellt werden – zur Blickrichtung des Lesers hin geneigt.

- *Symbole:* Um einen *Information Overload* zu vermeiden, ist es zum einen notwendig, den Umfang an Informationen zu reduzieren und eine klare Hierarchie zu schaffen (große und kleine Objekt- bzw. Thementexte). Zum anderen können aussagekräftige Bilder und Symbole als „Leuchttürme" genutzt werden, um bestimmte Themenschwerpunkte innerhalb einer Ausstellung zu kennzeichnen.
- *Szenen:* Auf eine positive Besucherresonanz stoßen szenenartige Ausstellungseinheiten, in denen authentische Exponate mit Text- und Bildtafeln kombiniert werden. Solche thematischen Installationen werden von den Gästen besser bewertet und auch stärker erinnert als „Flachware".

Abb. 39: Was gibt es Neues? Diese Frage ist vor allem für Wiederholungsbesucher und Stammgäste von besonderem Interesse. Im Eingangsbereich des „London Zoo" können sie sich z. B. auf einer großen Tafel über Themen und Termine der aktuellen Veranstaltungen informieren.

Operatives Management 113

- *Medien:* Speziell jüngere Zielgruppen verfügen über eine hohe Medienaffinität; ihr Informationsbedürfnis kann deshalb am besten durch eine Mischung aus Exponaten, *Touch-Screen*-Monitoren, Videoinstallationen etc. befriedigt werden. Besonders beliebt sind dabei interaktive Informationssysteme, bei denen die Nutzer sich auf spielerische Weise mit dem Thema beschäftigen können – z. B. auch „Museumskoffer" (vgl. Ströter-Bender 2009; Abb. 40).
- *Alltagsbezug:* Exponate mit einem Bezug zur alltäglichen Lebenssituation der Besucher sind emotional stärker besetzt als historische Daten und Fakten; deshalb stoßen sie auf größeres Interesse und bieten auch häufiger Anlässe für Gespräche und Diskussionen. Informationstafeln sollten also nicht nur klar gegliedert sein und verständliche Informationen bieten, sondern auch narrative Elemente enthalten (*Soft Facts, Storytelling*).

Abb. 40: Museumskoffer sind „Museen im Kleinen" – anhand typischer Objekte und Materialien vermitteln sie einen anschaulichen und sinnlichen Eindruck der Sammlungs- bzw. Themenschwerpunkte eines Museums. Sie können nicht nur in der museumspädagogischen Arbeit vor Ort eingesetzt werden, sondern auch extern im Schulunterricht.

Praxisbeispiel Einsatz innovativer Medien in der Informationsvermittlung: „Museumskoffer" der Universität Paderborn

Museumskoffer sind „Museen im Kleinen": Sie enthalten Objekte und Materialien, in denen sich die Sammlungs- bzw. Themenschwerpunkte eines Museums aussagekräftig widerspiegeln. Museumskoffer können in der museumspädagogischen Arbeit vor Ort eingesetzt werden, aber auch extern im Schulunterricht. Seit 2002 werden solche innovativen Informationsmaterialien an der Universität Paderborn im Fach „Kunst" von Studierenden hergestellt – speziell zum Einsatz in UNESCO-Welterbestätten (Kölner Dom, Wartburg, Zeche Zollverein etc.). Das Projekt knüpft dabei an eine historische Ausstellungskultur an, die sich seit der frühen Neuzeit entwickelt hat. Diese „Wunderkammern in Kisten" dienten nicht nur der Befriedigung der Neugier, sondern wurden auch zu Lehr- und Forschungszwecken genutzt (vgl. www.uni-paderborn.de/index.php?id=43342).

Diese Leitlinien einer kundenorientierten Präsentation gelten nicht nur für Texttafeln und elektronische Medien, sondern auch für die personalisierte Form der Informationsvermittlung: die *Besucherführungen*.

Da die Gäste inzwischen über breite Reiseerfahrungen verfügen und (speziell in den angloamerikanischen Ländern) kundenorientierte Angebote kennengelernt haben, sind ihre Ansprüche auch in diesem Bereich gestiegen – und zugleich differenzierter geworden. Wie können Kulturakteure diese *höheren und spezielleren Erwartungen ihrer Besucher* adäquat erfüllen?

Zur Beantwortung dieser Frage ist es hilfreich, einen Blick auf die *Gästeführungen in Städten* zu werfen, denn dort sind in den letzten Jahren zahlreiche neue Modelle der Informationsvermittlung entwickelt worden – sowohl hinsichtlich der Themen als auch der Methoden (vgl. Weier 2005, 245; Steinecke 2007, 302-304; → 2.2.1):

- *Thematische Innovationen bei Führungen:*
  - ungewöhnliche Schauplätze (Katakomben, Kanalisationssysteme etc.),
  - außergewöhnliche Zeiten (Nacht- bzw. Vollmondführungen etc.),
  - Lebenswelten sozialer bzw. religiöser Gruppen (Arbeiter, Juden etc.).
- *Methodisch-didaktische Innovationen bei Führungen:*
  - Aktivierung der Teilnehmer (Rallyes, kriminalistische Führungen etc.),
  - Ansprache aller Sinne (haptische Führungen, Jogging-Führungen etc.),

Operatives Management

Abb. 41: Angesichts des harten Wettbewerbs um die Kunden stehen auch die Veranstalter von Stadtrundfahrten vor der Herausforderung, neben den klassischen Bustouren innovative und einzigartige Angebote zu entwickeln, mit denen sie sich von den Konkurrenten unterscheiden. In Prag können Touristen z. B. die Altstadt in Oldtimer-Cabrios der tschechischen Traditionsmarke Škoda erkunden.

- bestimmte Zielgruppen (Kinder, Teenager, Blinde etc.),
- animative Elemente (Kostüm- bzw. Dialektführungen).
- *Technische Innovationen bei Führungen:*
  - unterschiedliche Transportmittel (Segway, Oldtimer etc.; vgl. Abb. 41),
  - neue Kommunikationsmittel (CD- bzw. GPS-Führungen etc.).

Führungen in Kultureinrichtungen: Literaturtipp

Schmeer-Sturm, M.-L. (2012): Reiseleitung und Gästeführung. Professionelle Organisation und Führung, München

Wie lassen sich Führungen spannend und kommunikativ gestalten? Wie können die Inhalte auf unterschiedliche Zielgruppen angepasst werden? Diese Fragen zu einer professionellen Informationsvermittlung werden in dem Standardwerk umfassend und anschaulich beantwortet; es basiert auf langjährigen praktischen Erfahrungen der Autorin als Gästeführerin und Reiseleiterin.

Zusatzangebote: Shops/Merchandising-Produkte und Gastronomie

Vor dem Hintergrund sinkender öffentlicher Budgets und der steigenden Nachfrage nach anspruchsvollen, ungewöhnlichen Souvenirs verkaufen auch Kultureinrichtungen in zunehmendem Maß und mit großem Erfolg Merchandising-Produkte.

Inzwischen gelten Shops deshalb bei professionell arbeitenden Kulturakteuren als selbstverständlich und unverzichtbar (vgl. Siebenmorgen 1999, 23; Abb. 42). Für die Anbieter können Shops *mehrere Funktionen* übernehmen:
- Sie sind bedeutende *Imageträger von Kultureinrichtungen*,
- sie können als wichtige *Instrumente des Marketings* eingesetzt werden und
- sie tragen auch zur *Finanzierung der Kultureinrichtungen* bei.

Damit Shops diese Aufgaben erfüllen können, müssen beim Betrieb mehrere *Rahmenbedingungen des Konsums* berücksichtigt werden (vgl. Gurke 2004):

Abb. 42: *Zeitgemäße Kultureinrichtungen verfügen über ein multifunktionales Angebotsspektrum, das neben der Ausstellung bzw. dem Raumprogramm auch Shops umfasst, die den Besuchern ein vielfältiges und thematisch passendes Sortiment bieten – wie z. B. im „Rautenstrauch-Joest-Museum" in Köln.*

- *Unmittelbarer Bedarf der Konsumenten*: Nach der Besichtigung der Kultureinrichtung besteht bei vielen Besuchern der direkte Wunsch, ein Produkt zu erwerben, das sie an den erlebnisreichen Tag erinnert, oder ein Geschenk für Verwandte oder Bekannte zu kaufen.
- *Pädagogischer Nutzen:* Durch eine geeignete Auswahl unterschiedlicher Informationsmedien (Bücher, CDs etc.) kann der öffentliche Bildungsauftrag der Kultureinrichtungen fortgesetzt und vertieft werden. Der Shop stellt damit einen wichtigen Bestandteil der Leistungspolitik dar.
- *Impulscharakter des Konsums:* Kultureinrichtungen werden nicht mit der Absicht aufgesucht, dort einzukaufen; aus diesem Grund handelt es sich jeweils um spontane Kaufentscheidungen. Die Produkte sollten deshalb einen exklusiven und unverwechselbaren Charakter haben, der einen inhaltlichen Bezug zum Thema der Einrichtung und zu den Exponaten aufweist.
- *Emotionaler Nutzen für die Konsumenten:* Die Artikel werden in einer Freizeitsituation erworben, die emotional positiv besetzt ist. Aus diesem Grund sollten sie in ihrer Gestaltung und in ihren Materialien Spaß, Freude, Qualität, Prestige und Tradition vermitteln.

Neben Shops in den eigenen Räumlichkeiten können Kultureinrichtungen auch Filialgeschäfte an anderen Standorten betreiben: In den USA verfügen ca. 6 Prozent aller Museen über derartige *Off-site-Stores*. Darüber hinaus nutzen immer mehr Kulturakteure die Möglichkeiten des Direktvertriebs durch das Internet (so finden sich gegenwärtig unter dem Suchbegriff „Museumsshop" bei „Google" mehr als zwei Millionen Einträge). Diese *virtuellen Museumsshops* richten sich sowohl an Kunden, die nach ihrem Besuch noch Produkte kaufen wollen, als auch an Nicht-Besucher, die ungewöhnliche Waren erwerben wollen.

Museumsshops: Literaturtipp

Leimgruber, P./John, H. (2011): Museumsshop-Management. Einnahmen, Marketing und kulturelle Vermittlung wirkungsvoll steuern. Ein Praxis-Guide, Bielefeld (Schriften zum Kultur- und Museumsmanagement; o. Bd.)
In diesem Handbuch wird das betriebswirtschaftliche Wissen, das für ein professionelles Management notwendig ist, auf verständliche Weise vermittelt (Budget, Sortiment, Standort etc.).

Schließlich sollten Kultureinrichtungen, die sich als touristische Attraktionspunkte positionieren wollen, noch über ein *qualitativ hochwertiges gastronomisches Angebot* verfügen. Bei der Konzeption, Platzierung und Organisation sind folgende Aspekte zu berücksichtigen (vgl. u. a. www.abseits.de/museum_gastronomie.html):

- *Unterschiedliche Erwartungen der Gäste:* Zum einen gibt es Besucher, die nur wenig Zeit haben und ihre Besichtigung rasch fortsetzen möchten; zum anderen aber auch Gäste, die sich länger im Restaurant aufhalten möchten. Neben zahlungskräftigen älteren Besuchern kommen häufig auch Schüler und Jugendliche mit einem knappen Budget, die sich preiswert verpflegen möchten.
- *Namensgebung des Restaurants:* Im Sinne einer *Corporate Identity* und Markenbildung sollte das Restaurant den Namen der Kultureinrichtung aufgreifen und durch einen entsprechenden Zusatz bei der eigenen Bezeichnung nutzen – z. B. „Sommerlounge" des „Mercedes Benz-Museum" in Stuttgart (vgl. Abb. 43).
- *Thematische Gestaltung der Speisekarte:* Das Restaurant sollte generell Teil eines stimmigen Betriebskonzepts der Kultureinrichtung sein. Auch wenn es kaum möglich ist, das gesamte Angebot an Speisen thematisch auszurichten, so besteht doch die Möglichkeit, die Themen einzelner Sonderausstellungen aufgreifen – z. B. mit regions- und länderspezifischen Gerichten.
- *Spezifische Atmosphäre:* Aufgrund ihres historischen Charakters verfügen viele Kultureinrichtungen über eine besondere Aura, die es auch bei einem großen Besucherandrang im Restaurant zu erhalten gilt – z. B. durch diskret platzierte Kassenplätze und leise Kassendrucker.
- *Logistische Fragen:* Speziell bei nachträglich eingerichteten Restaurants (z. B. in Schlössern und Burgen) besteht zwischen den Gasträumen und der Küche bzw. den Lagerräumen kein direkter räumlicher Zusammenhang; daraus ergeben sich zum einen besondere Anforderungen an innerbetriebliche Arbeitsabläufe, aber auch an ein transportfähiges Sortiment.

Restaurants und Shops sind inzwischen zu unverzichtbaren Bestandteilen des Angebots von Kultureinrichtungen geworden. Als Zusatzleistungen ergänzen sie die zentralen Elemente der Leistungspolitik: Ausschilderung, Ausstellungen, Raumprogramm und Besucherinformation. Für die Akteure besteht die grundsätzliche Herausforderung, diese einzelnen Bausteine so aufeinander abzustimmen, dass ein *klar profiliertes und unverwechselbares Gesamtprodukt* entsteht. Nur auf diese Weise können Kultureinrichtungen als touristische Attraktionspunkte im zunehmenden Wettbewerb mit anderen Freizeitangeboten bestehen.

Operatives Management 119

Abb. 43: Nach der Besichtigung einfach nur chillen – eine attraktive und anspruchsvolle Gastronomie wie die „Sommerlounge" des „Mercedes Benz-Museums" in Stuttgart trägt erheblich dazu bei, dass Kultureinrichtungen zu beliebten gesellschaftlichen Bühnen und touristischen Attraktionspunkten werden.

3.2.2 Preispolitik: Besonderheiten – Strategien – öffentliche Wirkung

„Mit scharfem Blick – nach Kennerweise – seh' ich zuerst mal nach dem Preise. Und bei genauerer Betrachtung, steigt mit dem Preise auch die Achtung" – diese Sentenz von Wilhelm Busch bringt auch die Sichtweise der Kulturtouristen auf den Punkt: Der Eintrittspreis ist nur *ein* Faktor unter mehreren und für viele Urlauber spielt er bei der Besuchsentscheidung keine zentrale Rolle. Ein relativ hohes Preisniveau kann von den auswärtigen Gästen sogar als *Signal* verstanden werden, dass ihnen eine ungewöhnliche Leistung geboten wird – z. B. eine herausragende künstlerische Qualität der Ausstellung bzw. Veranstaltung, eine anschauliche Vermittlung, eine angenehme Atmosphäre, niveauvolle Zusatzangebote sowie besucherfreundliche Öffnungszeiten (vgl. ifo/IfM 1996).

Angesichts ihres knappen Zeitbudgets und ihres Interesses an bekannten Sehenswürdigkeiten (die man gesehen haben muss) weisen Kulturtouristen im Vergleich zur einheimischen Bevölkerung sogar eine besonders *niedrige Preiselastizität* auf: Wer z. B. zum ersten Mal noch London kommt und die St. Paul's Cathedral unbedingt besichtigen möchte, der ist bereit, einen Eintrittspreis von 14,50 Pfund Sterling zu bezahlen. Auch das „Pergamonmuseum" in Berlin, das über einen großen Anteil auswärtiger (und ausländischer) Besucher verfügt, kann Preiserhöhungen vornehmen, ohne einen dramatischen Rückgang der Besucherzahl befürchten zu müssen. Kleinere Heimatmuseen, die vor allem ein lokales Publikum ansprechen, haben hingegen weitaus geringere Möglichkeiten der preispolitischen Gestaltung (vgl. Steinecke 2007, 140).

Generell können Kultureinrichtungen die Preispolitik nicht in gleicher Weise als Steuerungsinstrument einsetzen wie gewinnorientierte Unternehmen, da sie einen öffentlichen Bildungsauftrag haben. Angesichts *kultur- und sozialpolitischer Vorgaben* verfügen sie bei der Preisgestaltung nur über einen geringen Handlungsspielraum („Kultur für Alle"). Allerdings beschränkt sich die Preispolitik nicht auf die Festlegung der Eintrittspreise für die Besucher, sondern umfasst auch andere, stärker marktorientierte Bereiche – z. B. den Betrieb der Zusatzeinrichtungen (Restaurant, Shop) sowie die Vermietung der Räumlichkeiten als *Locations* für Veranstaltungen; dort können weitere Einnahmen erzeugt werden, die zu einer Verbesserung der Finanzsituation von Kultureinrichtungen beitragen (vgl. Hausmann 2011, 56).

Innerhalb der Preispolitik stehen den Kulturakteuren grundsätzlich *mehrere Strategien* zur Verfügung, die teilweise auch zur Steuerung der kulturtouristischen Nachfrage genutzt werden können:

- Bei der *Preispositionierung* geht es um die grundlegende Festlegung der Preise – z. B. in Form einer Hoch,- Mittel- und Niedrigpreisstrategie. Speziell bei Merchandising-Produkten oder Sonderausstellungen/-veranstaltungen, die für auswärtige Besucher von besonders großem Interesse sind, bestehen hinsichtlich der Preisgestaltung keine kultur- oder sozialpolitischen Restriktionen; dort können Kultureinrichtungen die Preise nachfrageorientiert gestalten.
- Bei der *Preisdifferenzierung* handelt es sich um ein klassisches (sozialpolitisch begründetes) Instrument von Kultureinrichtungen: Finanziell schwachen Bevölkerungsgruppen wird ein Preisnachlass gewährt – z. B. Schülern, Rentnern oder Familien. Eine andere Form der Preisdifferenzierung, die eher der Besucherlenkung dient, sind reduzierte bzw. kostenlose Eintritte zu bestimmten Zeiten: So bieten einige Berliner Museen einmal in der Woche oder im Monat den Besuchern einen freien Eintritt – z. B. die

„Deutsche Guggenheim Berlin" (montags) oder das „Märkische Museum" an jedem ersten Mittwoch im Monat (vgl. www.museumsportal-berlin.de/besucherinfo). Die Preisdifferenzierung spielt im Kulturtourismus nur eine nachgeordnete Rolle. Auch die *Preisvariation* in Form von temporären Rabatt- bzw. Ermäßigungsaktionen oder zeitlich limitierten Preisanhebungen hat für diesen Markt keine große Bedeutung.

- Anders verhält es sich bei der *Preisbündelung* in Form von Kombi-Tickets, bei denen der Eintritt in die Kultureinrichtung mit einer Transportleistung verknüpft wird. Das „Dornier Museum" in Friedrichshafen bietet z. B. gemeinsam mit der „Katamaran-Reederei Bodensee" und der „Bodensee-Oberschwaben-Bahn" das reduzierte „Kat-Kombi-Ticket" an. Auf diese Weise hat es seinen tagestouristischen Einzugsbereich erheblich erweitert, denn nun können auch Besucher vom westlichen Ufer des Bodensees – speziell aus Konstanz – das Museum preisgünstig und bequem erreichen (vgl. www. dorniermuseum.de).

Praxisbeispiele Öffentlichkeitswirksame Formen der Preispolitik: „Fest der rothaarigen Frauen" in Hamburg und „Angebot für haarscharfe Rechner" in Trier

Neben den klassischen Formen der Preispolitik gibt es auch preispolitische Einzelaktionen, die vor allem darauf abzielen, durch ihren ungewöhnlichen Charakter öffentliche Aufmerksamkeit zu erzeugen, Gesprächsanlässe zu schaffen und ein generelles Interesse an den Kultureinrichtungen zu wecken:
- Bereits im Jahr 1998 organisierte die „Hamburger Kunsthalle" ein „Fest für rothaarige Frauen", zu dem alle Rothaarigen und deren Begleiter/innen einen freien Eintritt erhielten. Ziel dieser Aktion war es, auf die Ausstellung „Der Symbolismus in England 1860 bis 1910. Ein Traum von Liebe und Tod" aufmerksam zu machen. Inhaltlicher Bezugspunkt war dabei die Tatsache, dass viele der porträtierten Frauen auf den präraffaelitischen Gemälden rothaarige Damen waren (vgl. FAZ, 9. März 1998).
- Das „Theater Trier" entwickelte im Jahr 2012 ein „Angebot für haarscharfe Rechner": Bei Vorlage einer Quittung des letzten Friseurbesuchs erhielten die Opernbesucher eine Ermäßigung von 20 Prozent auf eine „Barbier von Sevilla"-Vorstellung ihrer Wahl (vgl. www.theater-trier.de).

3.2.3 Distributionspolitik: Besonderheiten – direkter und indirekter Vertrieb – „Locations"

Kulturelle (wie auch touristische) Leistungen sind generell *extrem standortgebunden*. Für sie gilt das Uno-Actu-Prinzip: Die Bereitstellung und Nutzung der Dienstleistung finden zur selben Zeit und am selben Ort statt. Die Besucher müssen also persönlich zum Angebot kommen, um ein Museum, ein Kloster oder eine Burg zu besichtigen und dort die spezifische Aura zu erfahren. Außerdem können die Konsumenten die Kulturleistung – aufgrund des immateriellen Charakters – vorab nicht prüfen; mit dem Kauf der Eintrittskarte erwerben sie zunächst nur ein Leistungsversprechen (→ 3).

Diese Besonderheiten müssen beim *Vertrieb kultureller Leistungen* berücksichtigt werden: Zum einen geht es darum, Neugierde zu wecken, Vertrauen zu schaffen und Qualität zu signalisieren; das sind zentrale Aufgaben der Markenbildung und Kommunikationspolitik. Zum anderen müssen aber zeitgemäße Vertriebskanäle für Tickets und sonstige Leistungen geschaffen werden (z. B. Merchandising-Produkte). Dabei lassen sich *drei Distributionswege* unterscheiden (vgl. Hausmann 2011, 57-58):

- Beim *direkten Vertrieb* verkaufen die Kulturakteure ihre Leistungen an die Endverbraucher, ohne einen Mittler einzuschalten. Traditionell haben sich Kultureinrichtungen auf den lokalen Verkauf von Eintrittskarten beschränkt. Mit der rasanten Verbreitung des Internets sind neue Möglichkeiten entstanden, Tickets auf regionaler, nationaler und internationaler Ebene abzusetzen – und damit vor allem auch auswärtige Besucher zu gewinnen. Neben dem stationären Internet werden künftig *mobile Websites* und *Applications (Apps)* für Smartphones eine immer größere Rolle spielen, denn die flexiblen und anspruchsvollen Urlauber wollen sich während der Reise über das kulturelle Angebot informieren und auch spontan Tickets erwerben. Dabei werden sie sich auf die Empfehlungen von Freunden und Bekannten verlassen, mit denen sie in sozialen Netzwerken wie *Facebook*, *Twitter* oder *Google Plus* kommunizieren. Um diese neuen Absatzwege erfolgreich nutzen zu können, müssen die *umfassenden Ansprüche der Kunden* adäquat befriedigt werden: ein richtiges Maß an Information und Service, Transparenz, Schnelligkeit, Einfachheit, niedrige Gebühren, Sicherheit bei der Buchung sowie eine zeitliche und örtliche Ungebundenheit (vgl. Burzinski 2012; Niemeyer 2012).
- Beim *indirekten Vertrieb* nutzen die Kultureinrichtungen externe Partner, um ihre Tickets und anderen Leistungen – gegen Zahlung einer Provision – abzusetzen. Für den Tourismus sind dabei vor allem die *örtlichen „Tourist-Informationen"* sowie *Hotels* von Bedeutung, die als Vorverkaufsstellen für

Eintrittskarten fungieren können. Darüber hinaus sollte auch eine Kooperation mit *Bus-, Studien- und Kulturreiseveranstaltern* erfolgen, die umfangreiche Pauschalangebote zusammenstellen – mit Transportleistungen, Übernachtungen, *Welcome Drink*, Abendessen, Stadtführungen und Eintrittskarten für Kultureinrichtungen. Schließlich können die Kulturakteure auch mit Verlagen zusammenarbeiten, um ihre Leistungen zu vertreiben. Als Beispiel soll die *„Wissenschaftliche Buchgesellschaft"* (Darmstadt) genannt werden, die seit 1997 mit Museen kooperiert: Sie veröffentlicht deren Kataloge, berichtet in den verlagseigenen Zeitschriften „Archäologie in Deutschland" und „Antike Welt" über aktuelle Ausstellungen und bietet ihren Mitgliedern kostenlose bzw. ermäßigte Eintrittspreise und Sonderführungen an (vgl. bit-wiki.de/index.php/Wissenschaftliche_Buchgesellschaft).
- Darüber hinaus können Kultureinrichtungen *publikumswirksame Einzelaktionen* durchführen, um den potenziellen Besuchern ihr Leistungsangebot – in reduziertem Umfang – näher zu bringen. Dazu zählen z. B. Wanderausstellungen in unterschiedlichen Stadtquartieren, Exponate in den Eingangshallen von Versicherungen und Banken, Events in Shopping Center oder ein Museumsbus, der an zentralen Plätzen der Stadt Station macht (vgl. u. a. Münch 2008, 237-238 zur Aktion „Museum on Tour" des „Deutschen Zeitungsmuseums" im saarländischen Wadgassen).

Abb. 44: Anlässlich der Ausstellung „Surreale Dinge. Skulpturen und Objekte von Dalí bis Man Ray" organisierte die „Schirn Kunsthalle" im Jahr 2011 ein großes museumspädagogisches Projekt, bei dem 360 Schüler eigene surreale Objekte im Frankfurter Shopping-Center „MyZeil" präsentierten.

Praxisbeispiel Neue Distributionsformen von Kultureinrichtungen: „SCHIRN macht Schule: Surreale Dinge im MyZeil" in Frankfurt a. M.

„Im Rahmen der Ausstellung ‚Surreale Dinge. Skulpturen und Objekte von Dalí bis Man Ray' hat die museumspädagogische Abteilung der SCHIRN in Zusammenarbeit mit dem Institut für Kunstpädagogik der Justus-Liebig-Universität Gießen, MyZeil und engagierten Lehrern und Schülern aus Frankfurt und der Region das bewährte Programm ‚SCHIRN macht Schule' zu einem wegweisenden Großprojekt weiterentwickelt.

Im Zeitraum von zwei Monaten haben sich rund 360 Schülerinnen und Schüler der Jahrgangsstufen 9 bis 13 bei ‚SCHIRN macht Schule: Surreale Dinge im MyZeil' mit den künstlerischen Strategien der Surrealisten aktiv auseinandergesetzt. Anhand der Originale der Ausstellung ‚Surreale Dinge. Skulpturen und Objekte von Dalí bis Man Ray' lernten die Schüler die Kunstwerke der Surrealisten und deren Arbeitsweise kennen. Vor allem deren kritischer Umgang mit Objekten des Alltags und der Waren- und Konsumwelt bildete den Ausgangspunkt für die eigenständige Arbeit der Schulklassen. Verschiedene Geschäfte des Einkaufszentrums stellten dafür Waren aus ihrem Fundus zur Verfügung" (Quelle: www.schirn-magazin.de).

Neben diesen direkten und indirekten Arten des Vertriebs bzw. der Absatzförderung zählen – neueren Ansätzen des Kulturmarketings zufolge – auch der *Zugang zu Buchungsstellen* und die *Erreichbarkeit der Kultureinrichtungen* zu den Aufgabenbereichen der Distributionspolitik (vgl. Hausmann 2011, 58). Das kulturelle Leistungsangebot kann von den Konsumenten überhaupt nur nachgefragt werden, wenn der touristische Attraktionspunkt als *Location* bestimmte *physische Basisanforderungen* erfüllt; dazu gehören u. a. (vgl. Abb. 45):
- besuchergerechte Öffnungszeiten von Vorverkaufsstellen,
- eine klare Ausschilderung der Sehenswürdigkeiten,
- ein gute ÖPNV-Anbindung sowie eine ausreichende Anzahl von Parkplätzen,
- eine attraktive bauliche Gestaltung,
- eine angenehme Atmosphäre.

Zugang, Erreichbarkeit und Ausstattung sind allerdings nicht nur Handlungsfelder der Distributionspolitik, sondern vor allem auch der *Leistungspolitik* von Kultureinrichtungen (→ 3.2.1).

Operatives Management 125

3.2.4 Kommunikationspolitik: Information in den Quellgebieten der Touristen – Vor-Ort-Maßnahmen

„Tue Gutes und rede darüber" – dieses Grundprinzip der Kommunikationspolitik gilt auch für die Bearbeitung des kulturtouristischen Marktes. Dazu steht den Kultureinrichtungen ein gut gefüllter Handwerkskasten mit *unterschiedlichen Werkzeugen* zur Verfügung, die generell auch in der lokalen Kommunikationsarbeit eingesetzt werden können – also für die einheimische Bevölkerung: Werbung, Presse- und Öffentlichkeitsarbeit, Direktkommunikation und -marketing, Messen und Online-Kommunikation (vgl. Hausmann 2011, 59-60).

Abb. 45: Kultureinrichtungen verfügen über eine historische Aura und bieten damit eine einzigartige, authentische Atmosphäre. Sie können diese Alleinstellungsmerkmale kommerziell nutzen, indem sie sich auch als „Location" für Empfänge, Produktpräsentationen, Hochzeiten etc. vermarkten – wie z. B. der private Manchester Square im Londoner Stadtteil Marylbone.

Die beiden *speziellen Fragen im Bereich des Kulturtourismus* lauten deshalb:
- Was können wir tun, um kulturinteressierte Besucher auf regionaler, nationaler und internationaler Ebene bereits *vor Antritt ihrer Reise* zu erreichen?
- Wie können wir die Gäste in unserer Destination, die zunächst keine Besichtigung geplant haben, zu einem *spontanen Besuch unserer Kultureinrichtung* animieren (also die interessierten Neugierigen/"Auch-Kultururlauber" und die zufälligen Besucher; → 1.1.2)?

Kommunikationsmaßnahmen in den Quellgebieten der Touristen (vor Antritt der Reise)

Übergeordnetes Ziel einer tourismusbezogenen Kommunikationspolitik muss es sein, die eigene Kultureinrichtung auf der *Mental Map* bzw. dem *Evoked Set* der potenziellen Kunden zu platzieren. Sie sollten also bereits vor Antritt der Reise Informationen über das kulturelle Angebot ihrer Ferienregion erhalten und zu einem Besuch animiert werden. Dabei stehen die Kulturakteure vor *drei Herausforderungen*:
- Zum einen verfügen sie nur über *begrenzte finanzielle Mittel für Werbemaßnahmen* auf nationaler bzw. internationaler Ebene. Um Streuverluste zu vermeiden, müssen sie also eine zielgerichtete und zielgruppenorientierte Kommunikationspolitik betreiben.
- Zum anderen sollten die Kultureinrichtungen *innovative Formen der Kommunikation* entwickeln, um von den potenziellen Besuchern überhaupt wahrgenommen zu werden – ein schwierige Aufgabe angesichts des generellen *Information Overload*.

Als wichtige Grundlage der Kommunikationspolitik fungieren dabei *regelmäßige Besucherbefragungen*, in denen – neben der Zufriedenheit mit dem Angebot – auch die Interessen und vor allem die regionale Herkunft der Gäste erfasst werden (→ 3.3.1). Auf diese Weise kann der *Einzugsbereich der Kultureinrichtung* ermittelt werden, in dem eine effiziente Schaltung von Werbeanzeigen bzw. eine Plakatierung sinnvoll sind. Außerdem können die Ergebnisse dazu genutzt werden, die Kommunikationspolitik *thematisch exakt zu steuern* – z. B. durch die direkte Information kulturinteressierter Urlauber, durch die Ansprache von Fachjournalisten bzw. durch die Kooperation mit Kultur- und Reisezeitschriften.

Aus dem breiten Spektrum kommunikationspolitischer Instrumente sollen im Folgenden drei Maßnahmen exemplarisch erläutert werden:

Operatives Management 127

Abb. 46: Zu den Maßnahmen der Direktkommunikation zählen der regelmäßige Versand von Newslettern – als kostengünstige Mails oder aufwändige Printversionen. Das „Heinz Nixdorf MuseumsForum" in Paderborn verschickt z. B. vierteljährlich einen kostenlosen Newsletter mit Informationen zu aktuellen Vorträgen, Events, Workshops und museumspädagogischen Angeboten.

- *Kontinuierliche Presse- und Öffentlichkeitsarbeit*: „Publish or perish" – diese Grundregel des internationalen Wissenschaftsbetriebs gilt auch für Kulturakteure. Sie müssen in der öffentlichen Wahrnehmung ständig präsent sein und immer wieder auf sich aufmerksam machen – durch regelmäßige Pressemitteilungen und -konferenzen, die zu Meldungen, Reportagen und Interviews führen. Darüber hinaus sollte versucht werden, auch zu den Kunden eine *dauerhafte Beziehung* aufzubauen und zu pflegen – z. B. durch den regelmäßigen Versand von Newslettern per E-Mail oder Briefpost. Dazu ist es notwendig, über die Kontaktdaten der Besucher zu verfügen, die u. a. durch Einträge in Gästebücher, die Teilnahme an Preisausschreiben oder im Rahmen von Besucherbefragungen erfasst werden können (vgl. Abb. 46).

- *Gemeinsame Präsentation auf Tourismusmessen*: Einen direkten Zugang zu den Konsumenten, aber auch zu Fachvertretern und Journalisten bieten Reise- und Tourismusmessen, auf denen Kultureinrichtungen ihr Angebot präsentieren können. Zu den wichtigsten Veranstaltungen zählen die „Internationale Tourismus-Börse" (ITB) in Berlin (die weltweit größte Tourismusmesse), die „Reisen Hamburg", die „CTM" in Stuttgart und die „f.re.e" in München; darüber hinaus gibt es zahlreiche Reisemessen auf regionaler Ebene (vgl. www.messen.de/de/1205/branchen/Tourismus.html). Angesichts der hohen Kosten von Messeauftritten ist es dabei sinnvoll, mit anderen Kulturanbietern bzw. mit Tourismusunternehmen/-destinationen in Form von *Gemeinschaftsständen* zu kooperieren (vgl. Abb. 47).

Abb. 47: Zu den kommunikationspolitischen Instrumenten von Kultureinrichtungen gehören u. a. auch Tourismusmessen, auf denen sie ihr Angebot sowohl Fachvertretern und Journalisten als auch einem breiten Reisepublikum präsentieren können. Sinnvoll sind dabei Gemeinschaftsstände wie die „Culture Lounge" auf der „Internationalen Tourismus-Börse" (ITB) in Berlin.

Praxisbeispiel Gemeinsamer Messeauftritt von Kultureinrichtungen: „Culture Lounge" auf der „Internationalen Tourismus-Börse" (ITB) in Berlin

Seit 1966 findet in Berlin die „Internationale Tourismus-Börse" (ITB) statt. Die führende Fachmesse der internationalen Tourismusbranche verzeichnete im Jahr 2012 ca. 113.000 Fachbesucher (darunter 7.000 Journalisten); außerdem kamen ca. 60.000 Berliner/innen, um sich über Reiseziele und -angebote zu informieren.

In der „Culture Lounge" – dem offiziellen Kulturpartner der ITB – wurden auf 600 Quadratmetern Fläche wichtige kulturtouristische Produkte und europäische Kulturereignisse präsentiert. Mehr als 60 Kultureinrichtungen aus dem In- und Ausland nutzten diese Möglichkeit, um der interessierten (Fach-)Öffentlichkeit ihr aktuelles Angebot an Ausstellungen und Events vorzustellen. Vertreten waren u. a. die „Kulturhauptstädte Europas 2012" Riga und Umeå, aber auch bedeutende Museen wie die „Bundeskunsthalle Bonn", das „Centre Pompidou Metz" sowie die Museen der Stadt Luxemburg. In der „Culture Conference Lounge" (dem Konferenzbereich) fanden täglich Vorträge, Pressegespräche und Netzwerktreffen statt.

Die „Culture Lounge" bietet damit eine ideale (und relativ preisgünstige) Kommunikationsplattform für Kultureinrichtungen, um auf nationaler und internationaler Ebene auf ihr Angebot aufmerksam zu machen – dabei kommt speziell den zahlreichen Fachjournalisten eine wichtige Rolle als Multiplikatoren zu (vgl. www.culture-lounge.de).

- *Kreative Online-Kommunikation*: Mehr als 70 Prozent der bundesdeutschen Bevölkerung verfügten im Jahr 2011 über einen Internetzugang und nahezu jeder zweite Internetnutzer hat bereits Informationen über Urlaubsreiseziele im Internet gesucht (vgl. F. U. R. 2012). Auch Kulturakteure können dieses kostengünstige, komfortable und schnelle Medium nutzen, um kulturinteressierte Kunden zu informieren, zu animieren und an die eigene Einrichtung zu binden (→ 3.3.3). Inzwischen gehören die Homepage, ein Newsletter und ein elektronisches Gästebuch bereits zu den klassischen Formen der Online-Kommunikation. Künftig wird es vor allem darum gehen, *innovative Maßnahmen* zu entwickeln, bei denen Informationen spielerisch und vor allem interaktiv vermittelt werden (vgl. Abb. 48). Dabei sollten soziale Netzwerke wie *Facebook, Twitter* oder *Google Plus* genutzt werden, die – aufgrund der persönlichen Empfehlungen der Nutzer – eine immer größere Bedeutung als indirekte Werbeträger erhalten. Der Bekanntheitsgrad und auch die Beliebtheit von Besucherattraktionen werden zunehmend im virtuellen Raum gesteuert; dabei fungieren nicht nur die Touristen, sondern auch die einheimische Bevölkerung als Multiplikatoren (vgl. Niemeyer 2012).

Praxisbeispiel Einsatz von *Social Media* in der Kommunikationspolitik: Die Aktion „Bildpaten gesucht" des „Museum Kunstpalast" in Düsseldorf

Im Jahr 2012 hat das „Museum Kunstpalast" die Sonderausstellung „El Greco und die Moderne" gezeigt, in der die Wirkung des Künstlers auf Vertreter der Moderne wie Kokoschka, Beckmann u. a. beleuchtet wurde. Um neben den klassischen Museumsbesuchern auch ein jüngeres Publikum anzusprechen, nutzte das Museum im Rahmen seiner Kommunikationspolitik mit der Aktion „Bildpaten gesucht" auch das soziale Netzwerk *Facebook*.

„Werde Bildpate und gewinne eine Reise nach Madrid.

Zu dieser Ausstellung suchen wir jetzt 10 Bildpaten. Als Bildpate vertrittst Du ein Werk mit Deinem Facebook-Profil. Dein Ziel: Begeistere Deine Freunde für die Ausstellung.

Wer während der Ausstellung die meisten Likes für sein Bild erzielt, gewinnt eine Reise nach Madrid und Toledo – der Wirkungsstätte von El Greco. So wirst du Bildpate:

1. Suche Dir ein Patenbild aus.
2. Bewirb dich per E-Mail bei: bildpaten@smkp.de. Neben Deinem Namen, Deiner Adresse und Telefonnummer solltest Du diese Fragen beantworten:
   – Welches Bild willst Du als Pate vertreten?
   – Warum wirst Du der beste Pate für dieses Bild sein?
   – Besitzt Du einen Facebook Account?
3. Aus allen Bewerbern werden 10 Bildpaten ausgewählt. Was zählt, ist Leidenschaft, Freude und wirkliches Interesse.

Posten, begeistern, gewinnen.

Damit Du über Dein Bild posten kannst, bekommst Du freien Eintritt zu allen Veranstaltungen rund um die Ausstellung:
- Besuche exklusive Events, wie die VIP-Premiere.
- Sei bei der Hängung Deines Bildes dabei.
- Besprich den Audioguide für Dein Bild.
- Triff den Kurator und Generaldirektor bei einem exklusiven Dinner.
- Erhalte den Ausstellungskatalog mit einer persönlichen Widmung.
- Schmücke Dein Profil mit dem Paten-Signet" (Quelle: www.smkp.de).

Abb. 48: Mit seiner Aktion „Bildpaten gesucht" nutzt das „Museum Kunstpalast" in Düsseldorf das soziale Netzwerk „Facebook", um ein jüngeres, medienaffines Publikum auf die Ausstellung „El Greco und die Moderne" aufmerksam zu machen.

Kommunikationspolitik in der Destination (Vor-Ort-Maßnahmen)

Bei einem großen Teil der auswärtigen Gäste handelt es sich um interessierte Neugierige oder sogar zufällige Besucher, die sich erst während ihres Aufenthalts vor Ort spontan für eine Besichtigung entscheiden. Um diese „vagabundierenden Zielgruppen" (Buri 2011, 250) über das lokale Kulturangebot zu informieren und sie zu einem Besuch zu animieren, sollten Kultureinrichtungen auf vielerlei Weise im städtischen Raum präsent sein und *Aufmerksamkeit erzeugen* – z. B. durch:
- Banner, Plakate und City-Light-Poster am Ortseingang, an Bahnhöfen und Flughäfen sowie in der Innenstadt (vgl. Abb. 49),
- Auslage von Prospektmaterial in Tourist-Informationen, Hotels etc.,
- Außenwerbung an Zügen, Bussen und Straßenbahnen,
- Präsentation von Replika spektakulärer Exponate an zentralen Orten.

Abb. 49: Plakate und City-Light-Poster gehören zu den Vor-Ort-Maßnahmen, mit denen Kultureinrichtungen auf sich aufmerksam machen können, um die „vagabundierenden Zielgruppen" zu erreichen – wie bei der Ausstellung impressionistischer Meisterwerke aus dem „Metropolitan Museum of Art" (New York) in der „Neuen Nationalgalerie" in Berlin (2007).

Zu den kommunikationspolitischen Maßnahmen vor Ort gehört auch die Presse- und Öffentlichkeitsarbeit – speziell für Journalisten, Politiker, Wirtschaftsförderer, Hoteliers, Leiter von Tourist-Informationen und Taxiunternehmer. Dabei geht es nicht nur um eine aktuelle und exklusive Information dieser *Multiplikatoren*, sondern auch um eine Legitimation der eigenen Arbeit gegenüber den wichtigen lokal(politisch)en Akteuren. Durch dieses Binnenmarketing können Kultureinrichtungen ihre Dialogbereitschaft signalisieren und sich besser in den allgemeinen Prozess der Stadtentwicklung integrieren.

3.2.5 Grenzen des kulturtouristischen Marketings

Aus Sicht der touristischen Akteure stellt die Kultur eine wichtige (und zugleich kostengünstige) externe Ressource dar, die aufgrund ihrer Authentizität erheblich zur Attraktivität einer Destination beiträgt. Vor dem Hintergrund dieser vorrangig ökonomischen Perspektive kommt es häufig zu *Konflikten mit den Kulturvertretern*, die – angesichts ihres öffentlichen Bildungsauftrags – wissenschaftliche, ethisch-moralische und pädagogische Ziele verfolgen. Im Mittelpunkt der Diskussion stehen dabei die folgenden Fragen:
- Wo liegen die Grenzen der kommerziellen Nutzung von Kultur und Geschichte?
- Ist es statthaft und akzeptabel, berühmte Kunstwerke und Künstler auf Werbeträgern und *Merchandising*-Artikeln zu reproduzieren, um das wirtschaftliche Potenzial von Kultureinrichtungen maximal auszuschöpfen?
- Wie sollen Kultureinrichtungen auf die zunehmende Erlebnissucht der Besucher reagieren?

Besonders offenkundig und gravierend sind diese Konflikte im Bereich von leidbeladenen historischen Erinnerungsorten (Schlachtfelder, Friedhöfe etc.) und KZ-Gedenkstätten, die sich – im Rahmen eines *Dark Tourism* – zunehmend zu touristischen Besichtigungsorten entwickeln (vgl. Quack/Steinecke 2012).

Anhand einiger Beispiele soll im Folgenden aufgezeigt werden, dass es beim Umgang mit „dunklen" Phasen der Geschichte erhebliche *national- bzw. kulturspezifische Unterschiede* gibt. Während im deutschsprachigen Raum die kognitive Ansprache und sachgerechte Aufklärung im Mittelpunkt steht, setzen Historiker in anderen europäischen Ländern und in den USA häufig Methoden der Animation und der Rekonstruktion ein, um Geschichte anschaulich, lebendig und emotional zu vermitteln – selbst im Bereich des Militärtourismus und des Gedenkens an den Holocaust (vgl. Steinecke 2007, 162-163; Abb. 50):
- *Trench Art*: Bereits während des Ersten Weltkriegs verzeichnete die Herstellung von Kriegssouvenirs einen regelrechten Boom. Vor allem in rückwärtigen Teilen der Front stellten die Soldaten in ihrer Freizeit diverse Andenken he: Aus Geschosshülsen machten sie Blumenvasen und aus Granatsplitter fertigten sie Brieföffner und Bilderrahmen. Für die Angehörigen der Kriegsteilnehmer, die Kriegsveteranen und die Schlachtfeldtouristen stellte diese *Trench Art* eine Möglichkeit dar, sich greifbar an die Kriegshandlungen zu erinnern und ein Andenken mit nach Hause zu nehmen. Bis in die Gegenwart floriert der Handel mit Militaria-Souvenirs an den militärtouristischen Attraktionen. Dabei handelt es sich teilweise um authentische Gegenstände, die immer noch auf den Schlachtfeldern gefunden werden (Patronenhülsen,

Uniformköpfe etc.), aber auch um industriell hergestellte Produkte wie Feuerzeuge in Form von Handgranaten. Im „Bastogne Historical Center", das an die Ardennen-Schlacht im Dezember 1944 erinnert, wird z. B. der „Peace Hero" verkauft – eine Puppe aus Plastik mit beweglichen Gliedmaßen, die einen US-amerikanischen Soldaten darstellt (vgl. Dittrich/Jacobeit 2005, 8; Steinecke 2007, 161-162).

- *Rekonstruktion von Schlachten (Reenactment)*: Die zunehmende Erlebnisorientierung der Touristen hat dazu geführt, dass auch im *Dark Tourism* ein Trend zur Eventisierung zu beobachten ist – nämlich in Form einer Rekonstruktion von Schlachten. Im Rahmen des „International Festival of the Sea" fand z. B. in Portsmouth im Jahr 2005 ein inszeniertes Seegefecht statt, an dem 17 Kriegsschiffe teilnahmen, die mehr als 10 Tonnen Feuerwerkspulver verschossen. Mit diesem Spektakel sollte an die Seeschlacht von Trafalgar am 21. Oktober 1805 erinnert werden, in der die britische Flotte unter Admiral Horatio Nelson die französisch-spanische Flotte zerschlug und damit Großbritannien für mehr als ein Jahrhundert die Herrschaft über die Weltmeere sicherte (vgl. Steinecke 2007, 162-163).
- In den USA rühmt sich das private *„Florida Holocaust Museum"* damit, einen authentischen Eisenbahnwaggon zu besitzen, der zur Deportation der jüdischen Bevölkerung eingesetzt wurde. Im Museumsladen und im Onlineshop wird ein Plastikmodell dieses Waggons verkauft. Sponsoren des Museums, die einen Mindestbetrag von 5.000 US-Dollar spenden, erhalten als besondere Auszeichnung u. a. einen „Original Gleisnagel aus Treblinka" (vgl. Dittrich/Jacobeit 2005, 8).

Diese Beispiele machen deutlich, dass es offenbar keinen allgemeingültigen ethisch-moralischen Kodex gibt, in dem die Grenzen des kulturtouristischen Marketings dauerhaft festgelegt sind; sie können jeweils nur fallweise im *Dialog zwischen Kultur- und Tourismusverantwortlichen* bestimmt werden.

3.3 Qualitätsmanagement

Kulturtouristen sind schwierige Kunden – anspruchsvoll, aber auch preissensibel. Es ist also schwer, sie zufriedenzustellen und zu begeistern. Doch alle Mühen eines Qualitätsmanagements lohnen sich aus zwei Gründen:

Operatives Management 135

Abb. 50: Für einen angemessenen Umgang mit den Schauplätzen des Zweiten Weltkriegs scheint es keine allgemein gültige Ethik zu gegeben. Aus deutscher Sicht sind Gedenkstätten die angemessene Form, um an Leid und Tod zu erinnern. Im Open-Air-Museum „Stalin's Line" in Belarus werden die Besucher hingegen dazu animiert, selbst einmal einige Schüsse abzugeben, um den „Großen Vaterländischen Krieg" nacherleben zu können.

- Zufriedene Besucher sind zugleich auch *wichtige und vor allem kostenlose Werbeträger*. Sie berichten Verwandten, Freunden und Bekannten von ihren positiven Erfahrungen und animieren sie dadurch zu einem eigenen Besuch; im Durchschnitt werden auf diese Weise pro Gast zwei neue Kunden gewonnen (vgl. Paulus 2011, 313).
- Unzufriedene Gäste lösen hingegen eine *verheerende Mund-zu-Mund-Propaganda* aus: Zwar äußern nur vier Prozent ihren Unmut gegenüber einem Mitarbeiter oder durch einen Eintrag im Besucherbuch, doch in der Regel gibt jeder verärgerte Kunde seine negativen Erfahrungen an zehn Personen weiter.

Diese Zahlen sind deutliche Belege für die *generelle Notwendigkeit eines kontinuierlichen Qualitätsmanagements von Kultureinrichtungen* – unabhängig davon, ob es sich um einheimische oder auswärtige Besucher handelt.

Im Kern geht beim Qualitätsmanagement darum, das Angebot der eigenen Kultureinrichtung aus der *Perspektive der Kunden* zu betrachten – und deren

Anforderungen entsprechend zu verbessern. Dazu ist es notwendig, *sämtliche Dimensionen der Leistungskette* zu analysieren:
- die Ausschilderung der Kultureinrichtung,
- das kulturelle Angebot (Dauer- bzw. Sonderausstellung, Raumprogramm, Art der Präsentation),
- das zusätzliche Angebot (Restaurant, Shop, sanitäre Einrichtungen etc.),
- die Form der Informationsvermittlung (Info-Tafeln, Führungen etc.),
- das Niveau der Dienstleistungen (Professionalität, Kompetenz und Freundlichkeit des Personals),
- die Information der Besucher und die Buchbarkeit der Leistungen (Internetauftritt, Vertrieb von Tickets und Merchandising-Produkten etc.).

Zu den Qualitätsstandards und zum Qualitätsmanagement von Kultureinrichtungen liegen bereits zahlreiche Publikationen vor (vgl. u. a. Brüggerhoff/Tschäpe 2001; Deutscher Museumsbund/ICOM-Deutschland 2006; Deutscher Museumsbund/Bundesverband Museumspädagogik 2008; Brüggerhoff 2011); aus diesem Grund sollen sich die folgenden Überlegungen auf die *Beantwortung tourismusrelevanter Fragen* konzentrieren:
- Was ist bei der *Erfassung der Besucherzufriedenheit* hinsichtlich der Kulturtouristen als Zielgruppe besonders zu beachten (→ 3.3.1)?
- Welche Möglichkeiten der *Besucherbindung* – auch von Touristen – gibt es (→ 3.3.2)?
- Wie kann eine *Qualifizierung der Mitarbeiter* hinsichtlich der speziellen Anforderungen von Kulturtouristen erfolgen (→ 3.3.3)?

3.3.1 Erfassung der Besucherzufriedenheit

Angesichts der raschen Veränderungen im Reise- und Konsumverhalten kommt regelmäßigen Besucherbefragungen im Qualitätsmanagement eine herausragende Bedeutung zu. Die Resultate bieten ein gute Grundlage, um *bestehende Angebotsdefizite* abzubauen; außerdem dienen sie als *Basis für Marketingmaßnahmen*, die ohne allzu große Streuverluste für unterschiedliche Zielgruppen im Einzugsbereich der Kultureinrichtung durchgeführt werden können (vgl. Klein/Wegner 2010 zu Ergebnissen empirischer Studien aus Museumsperspektive).

Die Kritik der Gäste sollte dabei nicht als etwas Negatives verstanden werden, sondern vielmehr als *Chance*, eigene Fehler zu entdecken und Verbesserungen vorzunehmen. Es ist also wichtig, den Besuchern zu signalisieren, dass sich die Kultureinrichtung als eine *lernende Organisation* versteht.

Das *Spektrum der Erhebungsmethoden* reicht dabei von Besucherbüchern über „Meckerkästen" (auch im Internet) bis hin zu aufwändigen empirischen Erhebungen:
- Zu den preisgünstigen Formen der Besucherforschung gehört das *direkte Gespräch mit den Gästen* – z. B. beim Verlassen der Kultureinrichtung an der Garderobe, im Shop oder am Ausgang. Hat es Ihnen bei uns gefallen? Worüber haben Sie sich geärgert? Was können wir künftig besser machen? Mit solchen einfachen Fragen können Kultureinrichtungen ihren Besuchern signalisieren, dass sie an deren Meinung interessiert sind. Die Antworten sollten kurz schriftlich festgehalten und im Rahmen regelmäßiger Teambesprechungen ausgewertet werden.
- Auch die *Einbeziehung der örtlichen Bevölkerung* kann hilfreich sein, mögliche Defizite der komplexen kulturtouristischen Leistungskette zu identifizieren. Durch Aufrufe in der Lokalpresse können die Einwohner dazu angeregt werden, als *freiwillige Qualitäts-Scouts* zu fungieren und offenkundige Mängel des Angebots zu melden. Eine solche Vorgehensweise fördert außerdem das Wir-Gefühl; sie trägt zur besseren Integration der Kultureinrichtungen in das öffentliche Leben bei.

Praxisbeispiel Qualitätsmanagement bei Kultur-Events:
„Bad Hersfelder Festspiele"

Mit dem „Qualitätsmanagement Prozesskette Festspiele" will Bad Hersfelds Bürgermeister Thomas Fehling die Qualität der Festspiele sichern und steigern:
„Freilichttheater ist ein schwieriges Geschäft. Kulturbesucher werden einerseits wählerischer, zugleich konkurrieren mehr Events um Gäste. Umso wichtiger ist es, dass das ‚Drumherum' stimmt und die Touristen gerne nach Bad Hersfeld reisen", so Fehling.
Anke Hofmann, Projektkoordinatorin bei der Stadt Bad Hersfeld: „Uns würde beispielsweise interessieren: Sind Toilettenanlagen aufgrund der Beschilderung gut zu finden, fehlen Papierkörbe, sind die Vertriebswege für Karten bekannt, spürt man ein gewisses Festspielflair in der Stadt und und und."

Und dafür braucht die Stadt Bad Hersfeld die Unterstützung der Bevölkerung. Hofmann: „Jeder, der einen wichtigen Beitrag dazu leisten kann, die Leistungen der Stadt zu verbessern und uns dabei hilft, eine optimale Festspielatmosphäre zu schaffen, möge sich bitte melden. Wir sind für jede Anregung dankbar" (Quelle: www.kreisanzeiger-online.de/2011/06/09/festspielefehling-richtet-qualitaetsmanagement-ein).

- Unabdingbar sind aber auch *regelmäßige Besucherbefragungen*, die in einem zwei- bis dreijährigen Rhythmus durchgeführt werden sollten. Sie dienen einerseits dazu, Veränderungen der Besucherstruktur zu erfassen; andererseits ermöglichen sie eine Evaluation der eigenen Arbeit – speziell der Maßnahmen des Qualitätsmanagements (vgl. Abb. 51).

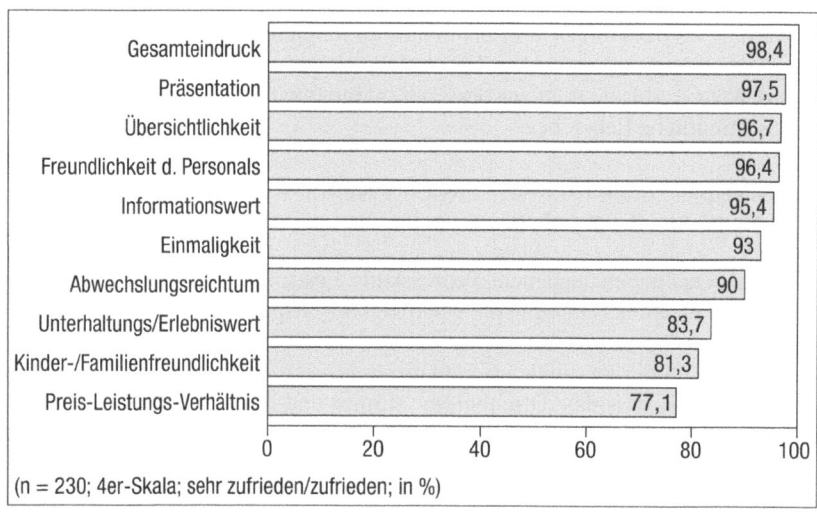

Abb. 51: Kultureinrichtungen sollten sich als lernende Institutionen verstehen, die ihr Angebot und ihren Service ständig verbessern. Eine regelmäßige Erfassung der Besucherzufriedenheit bietet die Möglichkeit, Schwachstellen zu identifizieren und neue Ansprüche der Gäste zu erfassen (die Daten beziehen sich auf das „Zeppelin Museum" in Friedrichshafen).

Im touristischen Kontext sollte dabei die *regionale Herkunft der Gäste* erfasst werden, um exakte Kenntnisse über den Einzugsbereich der Kultureinrichtung zu erlangen. Durch ein spezielles Set an Fragen können außerdem die *unterschiedlichen Typen von Kulturtouristen* abgegrenzt werden – die kenntnisreichen

Kenner, die interessierten Neugierigen und die zufälligen Besucher (→ 1.1.2). Diese Informationen lassen sich für eine präzise Zielgruppenorientierung sowie für die generelle Verbesserung der Leistungs- und Kommunikationspolitik nutzen. Um die Kosten für die aufwändigen Befragungen zu minimieren, sollten die Kulturakteure mit Universitäten bzw. Fachhochschulen kooperieren (entsprechende Untersuchungen können z. B. im Rahmen von Abschlussarbeiten durchgeführt werden). Im Sinne eines *Benchmarking* ist es dabei sinnvoll, neben der eigenen Kultureinrichtung auch andere Attraktionspunkte in die Untersuchung einzubeziehen; auf diese Weise kann die eigene Position im regionalen bzw. nationalen Wettbewerb bestimmt werden (Stärken und Schwächen, Chancen und Risiken).

Praxisbeispiel Besucherforschung: Das „KULMON"-Projekt in Berlin

Wer sind die vielen Millionen Besucher in den Berliner Kultureinrichtungen? Wie attraktiv ist das kulturelle Angebot der Stadt aus Sicht der Touristen? Diese und weitere Fragen standen im Mittelpunkt eines mehrjährigen Pilotprojekts, das die Berliner Kulturverwaltung und die „Berlin Tourismus Marketing GmbH" (BTM) gemeinsam mit zahlreichen Berliner Kultureinrichtungen durchgeführt haben (KULMON = Kultur-Monitoring).

Mit einer einheitlichen Methodik wurden die Besucher u. a. nach Herkunft, Alter, Unterkunft, Informationsverhalten, Ticketerwerb, Motivation und Zufriedenheit befragt. Erste Ergebnisse zeigen, dass es sich bei 58 Prozent der Besucher in den Kultureinrichtungen um auswärtige Gäste handelt. Dabei sind speziell Opern- und Theateraufführungen sowie Konzerte häufig der Hauptanlass der Reise. Generell liegt die Aufenthaltsdauer der kulturinteressierten Gäste deutlich über der durchschnittlichen Verweildauer aller Berlin-Besucher (aus Sicht der Tourismusakteure handelt es sich damit um eine besonders interessante Zielgruppe). Außerdem wird deutlich, dass die Touristen mit dem Kulturangebot zufriedener sind als die Berliner selbst.

Neben einem Gesamtüberblick über den Berliner Kulturmarkt bietet die IT-gestützte Erhebung auch die Möglichkeit eines *Benchmarking* – also des Vergleichs zwischen unterschiedlichen Sparten (Bühnen, Museen, Gedenkstätten etc.) sowie einzelnen Kultureinrichtungen. Darüber hinaus können die Daten für gezielte Marketingmaßnahmen genutzt werden – z. B. auch bei der Konzeption von Kombi-Tickets, da viele Gäste während ihres Berlin-Aufenthalts mehrere Kultureinrichtungen besuchen (vgl. Target Group 2011).

- Als weitere Methode der Besucherforschung ist schließlich der *Einsatz von Testkunden* zu nennen. Diese *Mystery/Silent Shopper* treten anonym und ohne spezielle Ankündigung auf; sie besuchen die Kultureinrichtung und bewerten die einzelnen Dimensionen der Leistungskette anhand einer Skala. Diese Vorgehensweise ermöglicht einen kritischen Blick von außen (speziell auch aus Sicht von Kulturtouristen). Damit ist sie ein gutes Mittel gegen die eigene Betriebsblindheit; mit ihrer Hilfe können Schwachstellen identifiziert werden. Allerdings handelt es sich um eine äußerst sensible Methode: Den Mitarbeitern sollte vorab vermittelt werden, dass es nicht um Kontrolle bzw. Überwachung des Einzelnen geht, sondern um einen Verbesserung des Angebots und der Betriebsabläufe. Anderenfalls kann es zu erheblichen Irritationen innerhalb des Teams kommen (vgl. Vogt 2004, 28-30).

Besucherforschung in Kultureinrichtungen: Literaturtipp

Reussner, E. (2010): Publikumsforschung für Museen. Internationale Erfolgsbeispiele, Bielefeld

Auf der Basis einer umfassenden empirischen Erhebung in Westeuropa, Australien und Neuseeland sowie Kanada und den USA identifiziert die Autorin zwölf Erfolgsfaktoren einer wirksamen Publikumsforschung; darüber hinaus erläutert sie die praktischen Implikationen ihrer Resultate.

3.3.2 Maßnahmen der Besucherbindung

Was müssen wir tun, damit unsere Besucher erneut in unsere Einrichtung kommen und wie können wir sie zu Stammgästen machen? Die Beantwortung dieser Fragen zählt generell zu den großen Herausforderungen des Kulturmanagements, denn Museen, Schlösser, Burgen etc. sind nicht nur *standortgebunden*, sondern verfügen auch über ein *starres Angebot* (Sammlung, Dauerausstellung, Raumprogramm etc.). Nach einer ausführlichen Besichtigung gibt es für die Gäste keine Veranlassung, die Kultureinrichtung in absehbarer Zeit noch einmal zu besuchen – es sei denn, es wird etwas Neues geboten.

Zu den probaten Mitteln, immer wieder öffentliche Aufmerksamkeit zu erregen und neue Besuchsanlässe zu schaffen, zählen sicherlich *spektakuläre Sonderausstellungen* und *Events*; angesichts des hohen finanziellen und organisatorischen Aufwands können diese Instrumente allerdings nur in bestimmten zeitlichen Abständen bzw. nur von größeren Kultureinrichtungen eingesetzt werden.

Zu den einfacheren und preisgünstigeren Methoden der Besucherbindung zählen zum einen die regelmäßige Information (z. B. durch Newsletter), aber auch die *Integration der potenziellen Gäste in die alltägliche Arbeit der Kultureinrichtungen*. Ziel einer solchen „Schlüsselloch-Strategie" ist es dabei nicht, den Besuchern einen perfekte Präsentation von Exponaten zu bieten, sondern sie z. B. am Entstehungsprozess einer Ausstellung teilzuhaben zu lassen.

Welche Themen werden gegenwärtig von den Mitarbeitern bearbeitet? Was machen die Restauratoren, um Schäden an Kunstwerken zu beseitigen und den Originalzustand wiederherzustellen? Wie ist der Stand der Planungen für künftige Projekte und Ausstellungen? Durch die Beantwortung dieser Fragen wird den interessierten Besucher nicht nur ein *privilegierter Blick hinter die Kulissen* gewährt, sondern auch eine *emotionale Bindung an die Kultureinrichtung* geschaffen.

Die Integration der Gäste kann dabei auf *direkte wie auch auf virtuelle Weise* erfolgen – wie einige Praxisbeispiele „gläserner" Kultureinrichtungen zeigen:

- So versteht sich z. B. das *„Historisch-Technische Museum Peenemünde"* (HTM) als eine transparente Kultureinrichtung. Museale Aufgaben wie das Erhalten oder Forschen vollziehen sich dort nicht mehr hinter verschlossenen Türen, sondern mit einem Höchstmaß an Öffentlichkeit (natürlich unter Beachtung aller Sicherheits- oder Arbeitsschutzbestimmungen). Ziel ist es, die Besucher an den einzelnen Arbeitsprozessen soweit irgendwie möglich teilhaben zu lassen. Techniker und Restauratoren sind für die Gäste direkt ansprechbar und können ihnen die Grundlagen ihrer Arbeit persönlich vermitteln (vgl. Mühldorfer-Vogt 2012).
- Noch einen Schritt weiter geht der *„Geschichtspark Bärnau-Tachov"* an der bayerisch-böhmischen Grenze – eine authentisch rekonstruierte mittelalterliche Siedlung mit Burg, Kirche und Lehmhäusern. Unter dem Motto „Bauen Sie mit und werden Sie Teil des Geschichtsparkteams" werden interessierte Gäste aufgefordert, sich an der Errichtung der Wohnhäuser selbst zu beteiligen. Dabei übernehmen Archäologen und Handwerker die Bauleitung, um eine wissenschaftliche korrekte Ausführung sicherzustellen. Wer nicht selbst Hand anlegen will, kann das Projekt auch durch Sachspenden wie Holz, Lehm, Stroh etc. unterstützen (vgl. www.geschichtspark.de/mitmachen.html; Abb. 52).
- Zu den virtuellen Möglichkeiten der Besucherbindung zählen eigene Homepages, die Informationen über die Arbeit sowie aktuelle Projekte von Kultureinrichtungen enthalten. So wurde z. B. für die *„Heidenturmkirchen"* in den rheinhessischen Orten Alsheim und Dittelsheim-Heßloch ein spezieller Internet-Auftritt konzipiert (vgl. www.heidenturmkirchen.de). Auf diese Weise können potenzielle Besucher den Fortschritt der Sanierungsarbeiten

(2010-2013) verfolgen; außerdem werden sie zu einem Besuch animiert – u. a. durch Hinweise auf Übernachtungs- und Verpflegungsmöglichkeiten, besondere Veranstaltungen und aktuelle Veröffentlichungen.

- Außerdem können Kultureinrichtungen *Applications (Apps)* für Smartphones als zeitgemäßes Mittel der Besucherbindung einsetzen. Anlässlich seines 60. Geburtstages hat z. B. das „*Ozeanum – Deutsches Meeresmuseum*" in Stralsund im Jahr 2011 eine kostenlose *App* mit Texten und Fotos entwickelt, die den Benutzer täglich eine neue Geschichte bietet – zu einzelnen Tieren und Exponaten, aber auch zu technischen Aspekten und zu Sammlungsbereichen, die der Öffentlichkeit nicht zugänglich sind (vgl. www.meeresmuseum. de).

Abb. 52: Ein Museumsprojekt als „Mitmach"-Aktion – im „Geschichtspark Bärnau-Tachov" an der bayerisch-böhmischen Grenze können Besucher den Handwerkern dabei helfen, mittelalterliche Lehmhäuser mit authentischen Materialien und Techniken nachzubauen. Auf diese Weise werden die Gäste aktiv in die Museumsarbeit integriert und entwickeln dabei eine dauerhafte emotionale Bindung an den Geschichtspark.

3.3.3 Qualifizierung der Mitarbeiter

„Your perfect day out" – mit diesem Produktversprechen wirbt die mittelalterliche Burganlage *Scotney Castle* in der englischen Grafschaft Kent um Tagesbesucher und Touristen. Der Slogan bringt die Sache auf den Punkt, denn die Gäste suchen nach einer interessanten Abwechslung vom Alltag, sie wünschen sich eine niveauvolle Atmosphäre und möchten einen schönen Tag mit dem Partner bzw. der Familie verbringen.

Den „perfekten Tag" für die Besucher zu gestalten, das sollte auch das zentrale Ziel aller Mitarbeiter einer Kultureinrichtung sein. Dazu bedarf es nicht nur genauer Kenntnisse des kulturtouristischen Marktes, sondern auch der spezifischen Kundenwünsche. Ein derartiges Wissen ist aber in vielen Kultureinrichtungen nicht vorhanden, da sie im Personalbereich mit *mehreren Problemen* zu kämpfen haben – z. B. der Heterogenität der Berufsgruppen, dem Gegensatz zwischen Kontakt- bzw. Nicht-Kontaktpersonal und zwischen festangestellten bzw. ehrenamtlichen Mitarbeitern sowie dem Personalabbau bzw. dem chronischen Personaldefizit (vgl. Hausmann 2011 a, 98-99).

Nur wenige, zumeist größere Kultureinrichtungen (wie z. B. das Jüdische Museum in Berlin) verfügen über eine *eigene Abteilung für das Tourismusmarketing* – und damit über eine angemessene personelle Basisausstattung und eine entsprechende Verankerung in der internen Organisationsstruktur (vgl. Dillmann/Dreyer 2011, 164-165).

Weiterbildungsangebote zum Thema „Kulturtourismus"

– Die *Fachhochschule Potsdam* bietet seit 2008 – in Kooperation mit mehreren Kultureinrichtungen – den berufsbegleitenden Weiterbildungskurs „Kulturtourismus" an. In acht Modulen werden den Teilnehmern grundlegende Informationen über den Tourismusmarkt vermittelt; außerdem erwerben sie praxisorientierte Fach- und Methodenkenntnisse, um zeitgemäße Produkte für Kulturtouristen zu entwickeln und zu vermarkten (vgl. www.fh-potsdam. de/wb_kulturtourismus.html).

- Das *„Deutsche Seminar für Tourismus (DSFT) Berlin"* wurde bereits im Jahr 1964 als zentrale Weiterbildungseinrichtung der Tourismuswirtschaft gegründet. Das DSFT organisiert jährlich mehr als 150 Seminare für touristische Fach- und Führungskräfte. Dabei sind einige Themen auch für tourismusorientierte Kulturakteure von Interesse – z. B. „Cross-Marketing und Sponsoring" oder „Zielgruppe Tagestouristen" (vgl. www.dsft-berlin.de).
- An der *„Europa-Universität Viadrina"* in Frankfurt (Oder) wird der Masterstudiengang „Kulturmanagement und Kulturtourismus" angeboten. Inhaltliche Schwerpunkte des vier Semester umfassenden Studiums sind Marketing, Politik und Recht, Tourismus, *Managerial Skills* etc. (vgl. www.kuwi.Europa-uni.de/de/studium/master/kmkt/Profil/index.html). Ab WS 2012/13 können Hochschulabsolventen an der Fachhochschule *„Baltic College"* in Schwerin den Masterstudiengang „Management im Kulturtourismus" belegen (vgl. baltic-college.de/studium/studienangebot/management-kulturtourismus.html).

Die Mehrzahl der tourismusorientierten Kultureinrichtungen steht also vor der Herausforderung, ihre Mitarbeiter durch *hausinterne bzw. externe Weiterbildungsmaßnahmen* zu qualifizieren – z. B. auch in Kooperation mit anderen Kulturakteuren. In Abhängigkeit vom jeweiligen Aufgabenbereich sind dabei mindestens *zwei inhaltliche Schwerpunkte* zu unterscheiden:
- Das *Management von Kultureinrichtungen* sollte über fundierte und aktuelle Kenntnisse des Tourismusmarkts verfügen – von den touristischen Leistungsträgern und wichtigen Fachveranstaltungen über die Merkmale und Besonderheiten der Zielgruppe bis hin zu Fragen des Ticketings, der Buchung und der Besucherlenkung (vgl. Hausmann 2011 a, 103).
- Das *Kontaktpersonal von Kultureinrichtungen* sollte im adäquaten Umgang mit den Gästen geschult werden – von der freundlichen Begrüßung über eine fachkundige (museumspädagogische) Betreuung während des Aufenthaltes bis hin zu einer stimmungsvollen Verabschiedung. Unfreundliche und autoritär auftretende Aufsichtspersonen passen z. B. nicht in das Bild, das sich kulturinteressierte Urlauber von einer zeitgemäßen Besucherattraktion machen. In diesem Zusammenhang ist noch einmal ausdrücklich der Aspekt der touristischen Leistungskette zu betonen: *Eine* negative Erfahrung der Gäste kann deren Gesamtzufriedenheit entscheidend beeinflussen – und damit auch die Bereitschaft zur Weiterempfehlung bzw. zu einem erneuten Besuch (→ 3).

Operatives Management 145

„Die Menschen sind auf der Suche nach dem *Once-in-a-Lifetime-Event*": Dieser Satz von Earl A. Powell, dem Direktor der „National Gallery" in Washington, sollte Kultureinrichtungen als zentraler Bezugspunkt dienen – nicht nur bei der Qualifizierung der Mitarbeiter, sondern bei ihrer Arbeit generell. Sie sollten mit aller Kraft versuchen, solche einmaligen Urlaubserinnerungen zu produzieren – eben einen „perfekten Tag".

Operatives Management von Kulturanbietern im Tourismus

Fazit

- Beim operativen Management sind mehrere Besonderheiten des Produkts „Urlaubsreise" zu berücksichtigen: Es handelt sich überwiegend um eine immaterielle Leistung, die aus einem Bündel von Einzelleistungen besteht; dabei gilt das Uno-Actu-Prinzip sowie die Potenzialorientierung (mit hohen Bereitstellungs- und Sicherungskosten).
- Angesichts des gesättigten Marktes hat die Markenbildung von Kultureinrichtungen (*Branding*) eine zentrale Bedeutung; dabei sind fünf Regeln zu beachten: einmalige Markenidee, erkennbare Umsetzung, unverzichtbare Kompetenz, Erlebbarkeit, Selbstähnlichkeit.
- Wichtige Instrumente der Markenbildung sind die architektonische Gestaltung sowie Wettbewerbe und Gütesiegel (Ziele: Produktversprechen, Berechenbarkeit, Vertrauensbildung).
- Im touristischen Marketing-Mix von Kultureinrichtungen spielen die Leistungs- und die Kommunikationspolitik eine zentrale Rolle.
- Schwerpunkte der Leistungspolitik für Touristen sind eine klare Ausschilderung, eine kundengerechte Präsentation der Exponate (Auswahl, Übersichtlichkeit, Erlebnisorientierung) sowie ein verständliche Aufbereitung der Informationen (Alltagsbezug, Anschaulichkeit, Medieneinsatz); außerdem sollten Kultureinrichtungen über zeitgemäße und attraktive Zusatzangebote verfügen (Shops, Merchandising-Produkte, Gastronomie).
- Ziel der Kommunikationspolitik sollte es sein, die eigene Kultureinrichtung bereits vor Antritt der Reise auf der *Mental Map* bzw. im *Evoked Set* der potenziellen Kunden zu platzieren – durch kontinuierliche Presse- und Öffentlichkeitsarbeit, Auftritte auf Tourismusmessen und eine kreative Online-Kommunikation. Vor Orte müssen Kultureinrichtungen durch Plakate, Banner, Replika etc. Aufmerksamkeit erzeugen, um Touristen zu Spontanbesuchen zu animieren.

- Hinsichtlich der kommerziellen Nutzung von Kultur und Geschichte gibt es ethisch-moralische Grenzen (speziell im *Dark Tourism*), die nur in einem intensiven Dialog zwischen Kultur- und Tourismusverantwortlichen bestimmt werden können.
- Angesicht der harten Wettbewerbssituation und der steigenden Kundenansprüche sollten sich Kultureinrichtungen generell als lernende Institutionen verstehen. Wichtige Instrumente des Qualitätsmanagements sind die regelmäßige Erfassung der Besucherzufriedenheit, Maßnahmen der Besucherbindung (Transparenz, Emotionen) sowie eine spezifische Qualifizierung der Mitarbeiter im Bereich des Tourismus.

Literaturtipp

Hieke, K. (2010): Schritte zur kulturtouristischen Positionierung eines stadtgeschichtlichen Museums – ein fiktives Fallbeispiel. – In: John, H./Schild, H.-H./Hieke, K. (Hrsg.): Museen und Tourismus. Wie man Tourismusmarketing wirkungsvoll in die Museumsarbeit integriert. Ein Handbuch, Bielefeld, 113-152
Auf anschauliche Weise erläutert die Autorin die notwendigen Schritte zur Entwicklung marktgerechter kulturtouristischer Angebote – von der Ist- und Zielgruppenanalyse über die einzelnen Marketing- und Vertriebsaktivitäten bis hin zur Presse- und Öffentlichkeitsarbeit.

4 Checklisten für Kulturanbieter: Fit für den Tourismus?

Wo stehen wir gegenwärtig auf dem kulturtouristischen Markt? Welche Rolle wollen wir künftig spielen und was müssen wir tun, um unsere Position zu verbessern? Diese Fragen stehen im Mittelpunkt des *strategischen und operativen Managements von Kultureinrichtungen*, die künftig mehr auswärtige Besucher gewinnen möchten.

Bei der Beantwortung können die folgenden Checklisten von Nutzen sein, die als Fragebögen zum Selbstausfüllen konzipiert sind. Dabei erweisen sich *kritische und nüchterne Einschätzungen* als unabdingbar, um zu einer realistischen Bewertung der eigenen Position, der angestrebten Ziele und der notwendigen Maßnahmen zu kommen.

Die Checklisten können als Grundlage für die *Formulierung von Lösungsvorschlägen* dienen, die – neben inhaltlichen Ideen – auch die Frage der Prioritäten und der Verantwortlichkeiten bei der Umsetzung beinhalten sollten.

4.1 Standortbestimmung: Was ist unsere gegenwärtige Position auf dem kulturtouristischen Markt?

Handlungsbereich	Trifft zu	Trifft teilweise zu	Trifft nicht zu	Lösungsvorschläge/ Verantwortlichkeiten/ Prioritäten
Ist-Analyse des Angebots				
Unser Angebot ist so attraktiv, dass es auch bei auswärtigen Besuchern auf Interesse stößt, die einen hohen Aufwand (Zeit, Kosten etc.) haben.				
Wir können die kulturellen und touristischen Alleinstellungsmerkmale unserer Einrichtung in drei Sätzen beschreiben.				

Handlungsbereich	Trifft zu	Trifft teilweise zu	Trifft nicht zu	Lösungsvorschläge/ Verantwortlichkeiten/ Prioritäten
Wir kennen unsere aktuellen Stärken und Schwächen, da wir vor kurzem eine kritische Bestandsaufnahme vorgenommen haben (intern bzw. durch externe Berater).				
Wir sind gut über Struktur und Trends des Tourismusmarktes informiert, da wir regelmäßig an Kongressen, Tagungen bzw. Weiterbildungsveranstaltungen zu touristischen Themen teilnehmen.				
Wir kennen die wichtigen touristischen Akteure in unserer Stadt/Region (Hoteliers, Gastronomen, Leiter der Tourist-Information) und stehen mit ihnen in einem regelmäßigen Dialog.				
Kooperationspotenzial und politisches Engagement				
Wir sind sicher, dass wir aufgrund unserer Alleinstellungsmerkmale und unserer eigenen Marketing-Aktivitäten attraktive Partner für die lokale/regionale Tourismusbranche sind.				

Handlungsbereich	Trifft zu	Trifft teilweise zu	Trifft nicht zu	Lösungsvorschläge/ Verantwortlichkeiten/ Prioritäten
Kenntnisse der Markt- und Wettbewerbssituation				
Wir wissen ziemlich viel über unsere Besucher, denn wir führen regelmäßig Gästebefragungen durch (u. a. zu Alter, Geschlecht, Bildung, Motiven, Organisationsform, Herkunftsort).				
Wir kennen unsere Konkurrenten im regionalen Kultur- und Freizeitangebot; auf der Grundlage einer *Benchmarking*-Analyse wissen wir, wo wir besser bzw. schlechter aufgestellt sind als sie.				

4.2 Zielformulierung: Welche Rolle wollen wir künftig auf dem kulturtouristischen Markt spielen?

Handlungsbereich	Trifft zu	Trifft teilweise zu	Trifft nicht zu	Lösungsvorschläge/ Verantwortlichkeiten/ Prioritäten
Vision und Leitbild				
Wir haben eine klare Vorstellung, wie sich unsere Einrichtung in den nächsten fünf Jahren weiterentwickeln soll; diese Vision haben wir schriftlich fixiert.				
Gemeinsam mit dem gesamten Team haben wir für unsere Arbeit ein Leitbild formuliert, das u. a. auch Aussagen zu einer stärkeren touristischen Ausrichtung enthält.				
Wir haben engagiert an der Erstellung des Tourismusleitbilds unserer Destination mitgearbeitet und dabei die Interessen der Kulturwirtschaft aktiv vertreten.				
Strategien				
Wir nutzen diverse Formen der Thematisierung (Sonderausstellungen, Führungen etc.), um unterschiedliche Zielgruppen anzusprechen (Kenner, Auch-Kulturtouristen, Familien, Kinder und Jugendliche etc.)				

Checklisten für Kulturanbieter: Fit für den Tourismus?

Handlungsbereich	Trifft zu	Trifft teilweise zu	Trifft nicht zu	Lösungsvorschläge/ Verantwortlichkeiten/ Prioritäten
Wir arbeiten aktiv in einem regionalen Museumsverbund mit (u. a. um gemeinsam mit anderen Kultureinrichtungen mehr auswärtige Besucher anzusprechen).				
Wir haben gute Kontakte zu Bus- bzw. Studienreiseveranstaltern und berücksichtigen deren zeitliche bzw. inhaltliche Vorstellungen bei unserer Arbeit.				
Unsere Einrichtung ist im Angebotsspektrum einer *City Card* bzw. *Destination Card* vertreten.				
Wir kooperieren generell bzw. zu bestimmten Anlässen mit Unternehmen der lokalen/regionalen Wirtschaft (Einzelhandel, Handwerk etc.)				
Wir verfügen bereits über Erfahrungen bei der Durchführung von Sonderausstellungen, Events, Kunstaktionen (Limitierungsstrategie).				
Wir verfolgen eine (symbolische) Filialisierungsstrategie – z. B. durch Exponate im Stadtraum, Präsentationen in Shopping Centern etc.				

4.3 *Aufgabenspektrum: Was müssen wir verbessern, um unsere Ziele zu erreichen?*

Handlungsbereich	Trifft zu	Trifft teilweise zu	Trifft nicht zu	**Lösungsvorschläge/ Verantwortlichkeiten/ Prioritäten**
Marktauftritt				
Wir verfügen über ein einheitliches *Corporate Design*, das wir in der gesamten Kommunikationspolitik einsetzen (Logo, Slogan etc.).				
Der Name unserer Kultureinrichtung (wie auch unsere Merchandising-Produkte) sind markenrechtlich geschützt.				
Wir nutzen die Fassade unserer Kultureinrichtung sowie den öffentlichen Raum, um (auswärtige) Passanten auf uns aufmerksam zu machen (Banner, Plakate, Lichtinstallationen etc.).				
Leistungspolitik				
Unsere Kultureinrichtung ist durchgängig und klar ausgeschildert – sowohl an Bundesautobahnen und -straßen wie auch innerörtlich.				
Unsere Ausstellung bzw. unser Raumprogramm basiert auf einem stimmigen Gesamtkonzept (die Akzeptanz haben wir durch eine Besucherbefragung evaluiert).				

Handlungsbereich	Trifft zu	Trifft teilweise zu	Trifft nicht zu	Lösungsvorschläge/ Verantwortlichkeiten/ Prioritäten
Unsere Homepage ist übersichtlich und aktuell; die Nutzer können bequem navigieren und finden neben praktischen Informationen auch animierende Elemente (Bilder, Videos etc.).				
Für die Nutzer von *Smartphones* haben wir eine *Application (App)* entwickelt, deren Inhalte regelmäßig aktualisiert werden.				
Wir bieten ein breites Spektrum an thematischen Führungen für unterschiedliche Zielgruppen an; dabei verwenden wir auch animierende und spielerische Vermittlungsmethoden.				
Unsere Gastronomie ist attraktiv und einzigartig (Namensgebung, thematische Gestaltung der Speisekarte, ungewöhnliche Atmosphäre)				
Preispolitik				
Wir verfolgen eine konsequente Preisstrategie, die auf einer internen Kosten-Ertrags-Kalkulation basiert (Hoch-/Mittel-/Niedrigpreisstrategie).				

Handlungsbereich	Trifft zu	Trifft teilweise zu	Trifft nicht zu	Lösungsvorschläge/ Verantwortlichkeiten/ Prioritäten
In Zusammenarbeit mit nationalen bzw. regionalen Transportunternehmen bieten wir unseren Besuchern Kombi-Tickets an (Preisbündelung).				
Wir nutzen die Preispolitik regelmäßig, um öffentliche Aufmerksamkeit zu erzielen – z. B. durch Ermäßigungen für ungewöhnliche Zielgruppen.				
Distributionspolitik				
Wir verfügen über Erfahrungen im Direktvertrieb unserer Tickets und Merchandising-Produkte (Online, *Apps*, *Call Center* etc.).				
Beim Verkauf unserer Tickets und Merchandising-Produkte arbeiten wir mit Tourist-Informationen, Hotels, Reiseveranstaltern etc. zusammen.				
Kommunikationspolitik				
In unserer Einrichtung gibt es eine eigene Presseabteilung mit speziell ausgebildeten Mitarbeitern.				
Wir haben uns bereits an Gemeinschaftsständen auf Tourismusmessen beteiligt.				

Handlungsbereich	Trifft zu	Trifft teilweise zu	Trifft nicht zu	Lösungsvorschläge/ Verantwortlichkeiten/ Prioritäten
Wir nutzen soziale Netzwerke wie *Facebook*, *Twitter* etc., um unsere Besucher zu informieren und mit ihnen zu kommunizieren.				
Grenzen des kulturtouristischen Marketings				
Wir stehen in engem Dialog mit Tourismusakteuren, um eine unangemessene Kommerzialisierung und Trivialisierung des kulturellen Erbes zu vermeiden.				
Qualitätsmanagement				
Wir führen regelmäßig Zufriedenheitsanalysen durch, um die Schwachstellen unserer Einrichtung zu ermitteln.				
Wir haben an regionalen/nationalen Vergleichsstudien teilgenommen, um unsere Position auf dem Kultur- bzw. Tourismusmarkt besser einschätzen zu können (*Benchmarking*).				
Wir setzen *Mystery Shopper* ein, um unser Angebot extern evaluieren zu lassen.				
Wir betreiben ein aktives Beschwerdemanagement; die Kritik der Besucher nutzen wir als Basis zur Verbesserung unseres Leistungsangebots.				

Handlungsbereich	Trifft zu	Trifft teilweise zu	Trifft nicht zu	Lösungsvorschläge/ Verantwortlichkeiten/ Prioritäten
Wir nutzen ein Set an Maßnahmen, um die Besucher mittelfristig an unsere Einrichtung zu binden (Newsletter, *Direkt Mailing*, soziale Netzwerke).				
Wir verstehen uns als „gläserne" Kultureinrichtung, indem wir in den Bereichen Forschen, Sammeln und Bewahren für Transparenz und Öffentlichkeit sorgen.				
Alle Mitarbeiter unserer Einrichtung sind über die Ziele und Maßnahmen des Qualitätsmanagements hinreichend informiert.				
Wir ermöglichen und unterstützen die Teilnahme unserer Mitarbeiter an touristischen Fort- und Weiterbildungsmaßnahmen.				
Wir bemühen uns mit allen Kräften, unseren Besuchern einen „perfekten Tag" zu gestalten.				

Abbildungs- und Tabellenverzeichnis

Abbildungen

Abb. 1	Fahrplan durch das Studienbuch (eigener Entwurf; Gestaltung: P. Blank)	11
Abb. 2	Erinnerungen an den letzten Besuch einer Kulturattraktion (eigener Entwurf nach Angaben in Gebeco/TMA/UPB 2009; Gestaltung: P. Blank)	17
Abb. 3	Animative Gästeführung mit „Uhldi" durch das „Pfahlbaumuseum Unteruhldingen" (Foto: Pfahlbaumuseum/Frank Müller)	18
Abb. 4	*Changing of the Guard* vor dem Buckingham Palace, London (Foto: A. Steinecke)	21
Abb. 5	Banner am Ortseingang von Überlingen (Foto: A. Steinecke)	23
Abb. 6	Entwicklung der Zahl von Museen und Museumsbesuche in Deutschland 1991-2010 (Indexwerte) (eigener Entwurf nach Daten des Instituts für Museumsforschung, Berlin; Gestaltung: P. Blank)	27
Abb. 7	Humboldt-Box in Berlin (Foto: Karsten Pagel, Berlin; Architektur: KSV Krüger Schuberth Vandreike) 26	28
Abb. 8	Swarovski-Kristallwelten, Wattens bei Innsbruck (Foto: Swarovski Kristallwelten)	29
Abb. 9	Bregenzer Festspiele Saison 2011/12 „André Chénier" (Foto: Bregenzer Festspiele/Karl Forster)	32
Abb. 10	Interessengegensätze zwischen Kultur und Tourismus (eigener Entwurf; Gestaltung: P. Blank)	34
Abb. 11	Bierdeckel als Werbeträger: Der „Katharieder Bauerngockel" war das Logo des „Bauernjahres '92" in Ostbayern (Quelle: Tourismusverband Ostbayern, Regensburg)	36
Abb. 12	Management- und Marketingprozess (eigener, modifizierter und ergänzter Entwurf nach Angaben in Hausmann 2011, 42; Gestaltung: P. Blank)	42

Abb. 13	Umfeld und Akteure einer Tourismusdestination (eigener Entwurf nach Angaben in Bieger 2008, 60 – ergänzt und modifiziert; Gestaltung: P. Blank)	47
Abb. 14	Beispiel aus der Veranstaltungsreihe „Marburger Prominente führen ihr Lieblingsbild" (Foto: Thorsten Richter, Oberhessische Presse)	49
Abb. 15	Strategien der Profilierung von Kultureinrichtungen (eigener Entwurf; Gestaltung: P. Blank)	50
Abb. 16	Thematische Führung im Hohenzollern-Schloss Sigmaringen (Foto: Unternehmensgruppe Fürst von Hohenzollern, Sigmaringen)	54
Abb. 17	Themenwelten im „Erlebnis-Zoo Hannover" (eigener Entwurf auf der Basis von Information der Zoo Hannover GmbH; Gestaltung: P. Blank)	57
Abb. 18	„Route der Industriekultur" in Nordrhein-Westfalen (eigener Entwurf nach Angaben in www.route-industriekultur.de/primaer/karte.htm; Gestaltung: P. Blank)	61
Abb. 19	Bodensee-Erlebniskarte (Foto: Internationale Bodensee Tourismus GmbH, Konstanz)	63
Abb. 20	Künstlerische Installation im „Kaufhaus des Westens" anlässlich der Impressionisten-Ausstellung des „Metropolitan Museum of Art" (New York) in Berlin (2007) (Foto: A. Steinecke)	65
Abb. 21	Informationstafel der internationalen Kunstausstellung „Biennale" (2011) in Venedig (Foto: A. Steinecke)	68
Abb. 22	Miniatur-Replika eines Hauses aus dem „Pfahlbaumuseum Unteruhldingen" an der Strandpromenade in Überlingen (Foto: A. Steinecke)	73
Abb. 23	Gästeführung an der steinzeitlichen Grabanlage von Newgrange (Irland) (Foto: A. Steinecke)	77
Abb. 24	Phasen des operativen Marketings (eigener Entwurf nach Angaben in Freyer 2011, 277; Gestaltung: P. Blank)	79
Abb. 25	Logo des „Künstlerdorfes Worpswede" (Quelle: Die Worpsweder Museen – Worpsweder Museumsverbund e. V., Worpswede)	84

Abbildungsverzeichnis

Abb. 26	Plakat der Ausstellung „Franziskus – Licht aus Assisi" (Quelle: Diözesanmuseum Paderborn)	87
Abb. 27	Logo des „Zeppelin Museum" in Friedrichshafen (Quelle: Zeppelin Museum Friedrichshafen GmbH, Friedrichshafen)	88
Abb. 28	„Militärhistorisches Museum der Bundeswehr" in Dresden (Foto: Bundeswehr/MHM)	90
Abb. 29	Werbung für Veranstaltungen am Rathaus in Bruneck (Südtirol/Italien) (Foto: A. Steinecke)	91
Abb. 30	Logo des „European Museum of the Year Award" (Quelle: European Museum Forum, Liverpool)	93
Abb. 31	Marketing-Mix von Kultureinrichtungen (eigener Entwurf nach Angaben in Hausmann 2011, 52; Gestaltung: P. Blank)	94
Abb. 32	Touristische Leistungspolitik von Kultureinrichtungen (eigener Entwurf; Gestaltung: P. Blank)	97
Abb. 33	Touristische Unterrichtungstafel des „Maximilianpark" in Hamm (Quelle: Regionalverband Ruhr, Essen)	99
Abb. 34	Informationstafel am St. Andrews Castle in Schottland (Foto: A. Steinecke)	100
Abb. 35	Plakat der Familien-Mitmach-Ausstellung „Ägyptens Schätze entdecken" im „Jungen Museum Speyer" (Quelle: Historisches Museum der Pfalz/Junges Museum Speyer)	103
Abb. 36	Panorama in Sewastopol (Ukraine) (Foto: A. Steinecke)	105
Abb. 37	„Blitz Experience" im „Imperial War Museum" in London (Quelle: Imperial War Museum, London)	106
Abb. 38	Plakat der „Potsdamer Schlössernacht 2012" (Quelle: artecom Veranstaltungs GmbH & Co. KG – Eberhard Klöppel, Berlin)	108
Abb. 39	Hinweistafel im „London Zoo" (Foto: A. Steinecke)	112
Abb. 40	Plakat der Museumskoffer-Ausstellung im „Museum Schloss Corvey" 2012 (Quelle: Universität Paderborn, Fakultät für Kulturwissenschaften, Institut für Kunst/Musik/Textil)	113

Abb. 41	Oldtimer-Stadtrundfahrten in Prag (Foto: A. Steinecke)	115
Abb. 42	Shop im „Rautenstrauch-Joest-Museum" in Köln (Foto: A. Steinecke)	116
Abb. 43	Sommerlounge vor dem „Mercedes-Benz Museum" in Stuttgart (Quelle: Daimler AG, Stuttgart)	119
Abb. 44	„Schirn macht Schule": SchülerInnen-Projekt im Shopping Center „MyZeil" im Rahmen der Ausstellung „Surreale Dinge" (Quelle: Schirn Kunsthalle Frankfurt a. M. 2011; Foto: Norbert Miguletz)	123
Abb. 45	Manchester Square im Londoner Stadtteil Marylbone als *Location* (Foto: A. Steinecke)	125
Abb. 46	Newsletter des „Heinz Nixdorf MuseumsForum" (Quelle: Heinz Nixdorf MuseumsForum GmbH, Paderborn)	127
Abb. 47	„Culture Lounge" auf der „Internationalen Tourismus-Börse" (ITB) 2012 in Berlin (Foto: Fabian Ewenz, Bonn)	128
Abb. 48	Aktion „Bildpaten gesucht" für die Ausstellung „El Greco und die Moderne" 2012 (Quelle: Museum Kunstpalast, Düsseldorf)	131
Abb. 49	Plakat der Ausstellung impressionistischer Meisterwerke aus dem „Metropolitan Museum" (New York) in der „Neuen Nationalgalerie" in Berlin (2007) (Foto: A. Steinecke)	132
Abb. 50	Militärerlebnispark „Stalin's Line" in Belarus (Foto: A. Steinecke)	135
Abb. 51	Zufriedenheit der Besucher des „Zeppelin Museums" in Friedrichshafen (2004) (Quelle: eigener Entwurf auf der Grundlage einer Studie des Lehrstuhls für Wirtschafts- und Fremdenverkehrsgeographie der Universität Paderborn; Gestaltung: P. Blank)	138
Abb. 52	„Mitmach"-Aktion für Besucher beim Aufbau des „Geschichtsparks Bärnau-Tachov" an der bayerisch-böhmischen Grenze (Quelle: Geschichtspark Bärnau-Tachov, Bärnau)	142

Abbildungsverzeichnis

Tabellen

Tabelle 1	Erwartungen und Motive der Touristen und Konsequenzen für das Kulturmanagement (eigene Zusammenstellung)	14
Tabelle 2	Typen von Kulturtouristen und Konsequenzen für das Kulturmanagement (eigene Zusammenstellung)	24
Tabelle 3	Informationsquellen der Bundesbürger für Urlaubsreisen (2005 vs. 2008) (eigene Zusammenstellung nach Angaben in F. U. R. (Hrsg.; 2008): Das Internet auf dem Weg zur wichtigsten Urlaubs-Informationsquelle, Kiel; www.fur.de/index.php?id=newsletter_informationsquelle0 vom 13. März 2011)	81

Literaturverzeichnis

Amersdorffer, D. u. a. (Hrsg.; 2010): Social Web im Tourismus. Strategien – Konzepte – Einsatzfelder, Heidelberg u. a.

Antz, Chr. (2011): Lernen von den Frühaufstehern – Best-Practices des Kulturtourismus in Sachsen-Anhalt. – In: Hausmann, A./Murzik, L., 271-284

Bartha, I. (2011): Geschichte erleben: Besucherwünsche und deren Auswirkung auf die Angebotsgestaltung in einem Schloss. – In: Kagermeier, A./Steinecke, A., 19-34

Baxter, I./Chippindale, Chr. (2006): Managing Stonehenge: The Tourism Impact and the Impact of Tourism. – In: Sigala, M./Leslie, D., 137-150

Berner, A. (2005): Lille – Kulturhauptstadt Europas 2004: Bilanz und Perspektiven. – In: Messe München/Projektleitung CBR (Hrsg.): Neue Wege im Kultur-Städte-Tourismus. Dokumentation, München/Wien, 64-71 (8. CBR-Tourismus-Symposium)

Bieger, Th. (2008): Management von Destinationen, 7. Aufl. München/Wien

Bieger, Th./Laesser, Chr./Bischof, L. (2003): Das Konzept „Attraktionspunkte" – Theoretische Grundlagen und praktische Folgerungen. – In: Bieger, Th./Laesser, Chr. (Hrsg.): Attraktionspunkte. Multioptionale Erlebniswelten für wettbewerbsfähige Standorte, Bern/Stuttgart/Wien, 13-89

Bittner, G. (1991): Marketingkonzeption für ein kulturelles Ereignis: „Schleswig-Holstein Musik Festival (SHMF)". – In: Seitz, E./Wolf, J. (Hrsg.): Tourismusmanagement und -marketing, Landsberg/Lech, 663-674

Bohnen K. (2004): „Gib Gas, ich will Spass" – Quo vadis, Museum? Eventkultur als besondere Herausforderung/Chance für Technikmuseen. – In: Commandeur, B./Dennert, D., 147-151

Bratl, H./Bartos, P. (2011): Kulturdestinationen als Wettbewerbssysteme – Good Practice in Europa. – In: Hausmann, A./Murzik, L., 199-235

Braun, A. (1996): Symbolische Reisen in neue Orte – am Beispiel der Swarovski-Kristallwelten. – In: Steinecke, A. (Hrsg.): Der Tourismusmarkt von morgen – zwischen Preispolitik und Kultkonsum, Trier, 103-108 (ETI-Texte; 10)

Brittner, A. (2000): Musikfestivals und Musicals. – In: Institut für Länderkunde (Hrsg.): Nationalatlas Bundesrepublik Deutschland – Freizeit und Tourismus, Heidelberg/Berlin, 56-59

Brüggerhoff, S. (2011): Gütesiegel, Zertifikat und Akkreditierung – Wie erreicht man echte Qualität? – In: Hausmann, A./Murzik, L., 49-63

Brüggerhoff, S./Tschäpe, R. (Hrsg.; 2001): Qualitätsmanagement im Museum?! Qualitätssicherung im Spannungsfeld zwischen Regelwerk und Kreativität – Europäische Entwicklungen, Bielefeld (Veröffentlichungen aus dem Deutschen Bergbau-Museum Bochum; 96)

Buri, H. (2011): Kulturelle Einrichtungen als kulturtouristische Akteure – Strategische Ausrichtung und Praxis im touristischen Marketing am Beispiel der Stiftung Preußische Schlösser und Gärten Berlin-Brandenburg. – In: Hausmann, A./Murzik, L., 237-253

Burzinski, M. (2012): Mehr als nur eine Systemfrage: Das Ticketing als Teil des städtischen Kulturmarketings, Berlin (Vortrag am 09. März auf der Internationalen Tourismus-Börse)

Commandeur, B./Dennert, D. (Hrsg.; 2004): Event zieht – Inhalt bindet. Besucherorientierung auf neuen Wegen, Bielefeld

Deutsches Meeresmuseum (Hrsg.; 2011): Leitbild, Stralsund (www. meeresmuseum.de/ueber-uns/leitbild.html vom 2. November 2011)

Deutscher Museumsbund/ICOM-Deutschland (Hrsg.; 2006): Standards für Museen, Kassel/Berlin

Deutscher Museumsbund/Bundesverband Museumspädagogik (Hrsg.; 2008): Qualitätskriterien für Museen: Bildungs- und Vermittlungsarbeit, Berlin

Dillmann, M./Dreyer, M. (2011): „Fisch sucht Fahrrad" – Partnerschaften zwischen Kultur und Tourismus aus Sicht der Transaktionstheorie. – In: Hausmann, A./Murzik, L., 155-173

Dittrich, U./Jacobeit, S. (Hrsg.; 2005): KZ-Souvenirs. Erinnerungsobjekte der Alltagskultur im Gedenken an die nationalsozialistischen Verbrechen, Potsdam/Fürstenberg

Drda-Kühn, K./Wiegand, D. (2011): Netzwerke und Kooperationen – das kulturtouristische Potenzial im ländlichen Raum. – In: Hausmann, A./Murzik, L., 139-154

Eckrich, K. (2005): Strategischer Wandel: Visionen und Ziele, die verbinden (www.changehouse.de/dokumente/Fol_Strategieveraenderung.pdf vom 29. Oktober 2011)

Föhl, P. S. u. a. (Hrsg.; 2011): Nachhaltige Entwicklung in Kulturmanagement und Kulturpolitik. Ausgewählte Grundlagen und strategische Perspektiven, Wiesbaden

Föhl, P. S./Pröbstle, Y. (2011): Kooperationen als Wesenselement des Kulturtourismus. – In: Hausmann, A./Murzik, L., 111-138

Freyer, W. (1998): Event-Management im Tourismus. Kulturveranstaltungen und Festivals als touristische Leistungsangebote. – In: Freyer, W./Meyer, D./Scherhag, K. (Hrsg.): Events – Wachstumsmarkt im Tourismus? Dresden

Freyer, W. (2011): Tourismus-Marketing. Marktorientiertes Management im Mikro- und Makrobereich der Tourismuswirtschaft, 7., überarb. u. erg. Aufl. München

F. U. R. (Forschungsgemeinschaft Urlaub und Reisen) (Hrsg.; 2011): Reiseanalyse 2011, Kiel

F. U. R. (Forschungsgemeinschaft Urlaub und Reisen) (Hrsg.; 2012): Auswahl von Ergebnissen zum Informationsverhalten bei Urlaubsreisen, Kiel (unveröffentlichte Sonderauswertung)

Gaubinger, B. (2006): Die wirtschaftliche Bedeutung der Salzburger Festspiele, Salzburg (www.salzburgerfestspiele.at/portals/0/media/pdf/umwegrentabilitaet.pdf vom 31.01.2011)

Literaturverzeichnis 165

Gebeco/TMA/UPB (2009): Kulturtourismus-Studie, Kiel/Bensberg/Paderborn (unveröffentlichte Repräsentativuntersuchung)[1]

Giatas, M./Hundt, M. (2008): Branding im kommerziellen Bereich als Lernfeld für Museen? – In: John, H./Günter, B., 57-68

Goldman, R./Papson, S. (2000): Nike Culture. The Sign auf the Swoosh, London/Thousand Oaks/New Delhi (Core Cultural Icons; o. Bd.)

Günter, B. (2008): Branding als Marketingstrategie von Museen. – In: John, H./Günter, B., 49-55

Günter, B. (2011): Kulturbetrieb™ – Qualitätssicherung durch Markenbildung? – In: Hausmann, A./Murzik, L., 35-47

Gurke, T. (2004): Strategien und Zielsetzungen im Bereich Museumsshop anhand von Beispielen des Kunsthaus-Shops (Graz). – In: Neues Museum, 3, 1-11 (www.museumsbund.at/nm_2004_03_01.html vom 22. Januar 2006)

Haselbach, D. u. a. (2012): Der Kulturinfarkt. Von allem zu viel und überall das Gleiche. Eine Polemik über Kulturpolitik, Kulturstaat, Kultursubventionen, München

Hausmann, A. (2011): Kunst- und Kulturmanagement. Kompaktwissen für Studium und Praxis, Wiesbaden (Kunst- und Kulturmanagement; o. Bd.)

Hausmann, A. (2011a): Zur Bedeutung personalpolitischer Maßnahmen für den Erfolg touristischer Strategien von Kulturbetrieben. – In: Hausmann, A./Murzik, L., 91-109

Hausmann, A./Murzik, L. (Hrsg.; 2011): Neue Impulse im Kulturtourismus, Wiesbaden

Häußermann, H./Siebel, W. (1993): Die Politik der Festivalisierung und die Festivalisierung der Politik. Große Ereignisse in der Stadtpolitik. – In: Häußermann, H./Siebel, W. (Hrsg.): Festivalisierung der Stadtpolitik. Stadtentwicklung durch große Projekte, Opladen, 7-31 (Leviathan; Sonderheft 13/1993)

Heller, A. (1990): „Der Einfall touristischer Horden führt zur Ausrottung des Schönen ...". – In: Ludwig, K./Has, M./Neuer, M. (Hrsg.): Der neue Tourismus. Rücksicht auf Land und Leute, München, 158-163 (Beck'sche Reihe; 408)

Henn Architekten Ingenieure (Hrsg.; 2000): Corporate Architecture. Autostadt Wolfsburg – Gläserne Manufaktur Dresden, Berlin

Hieke, K. (2010): Schritte zur kulturtouristischen Positionierung eines stadtgeschichtlichen Museums – ein fiktives Fallbeispiel. – In: John, H./Schild, H.-H./Hieke, K., 113-152

Holzbaur, U. u. a. (2005): Eventmanagement. Veranstaltungen professionell zum Erfolg führen, 3., erw. Aufl. Berlin/Heidelberg/New York

ifo/IfM (Institut für Wirtschaftsforschung/Institut für Museumskunde) (Hrsg.; 1996): Eintrittspreise von Museen und Ausgabeverhalten der Museumsbesucher, München/Berlin (Materialien aus dem Institut für Museumskunde; 46)

---

1 Für die Konzeption der Studie waren Jens Hulvershorn (Gebeco, Kiel), Dr. Wolfgang Isenberg (Thomas-Morus-Akademie, Bensberg) und Prof. Dr. Albrecht Steinecke (Universität Paderborn) verantwortlich. Die Durchführung der telefonischen Befragung im Januar 2009 (n = 1.509; Personen über 16 Jahre) erfolgte durch das Europäische Tourismus Institut GmbH (Trier). Das Projekt wurde durch die finanzielle Unterstützung des Studien- und Erlebnisreiseveranstalters Gebeco (Kiel) ermöglicht.

IfT (Hrsg.; 2009): Machbarkeitsstudie zu den Auswirkungen des Titels „Welterbe der UNESCO" auf den Tourismus in der Region für das Danewerk und Haithabu, Potsdam

Jäger, M. (2011): „Masterplan Worpswede" – Vom isolierten Kunstereignis über das vernetzte Kulturangebot zur kulturtouristischen Gesamtstrategie (www.diedorfdenker.de/app/download/578169697235/Jäger/111004.pdf vom 29. Oktober 2011)

John, H. (2008): „Top" oder „Flop"? Die Branding-Welle erreicht die Museumswelt. Eine Einführung. – In: John, H./Günter, B., 9-28

John, H./Dauschek, A. (Hrsg.; 2008): Museum neu denken. Perspektiven der Kulturvermittlung und Zielgruppenarbeit, Bielefeld (Landschaftsverband Rheinland, Rheinisches Archiv- und Museumsamt, Publikation der Abteilung Museumsberatung; 26)

John, H./Günter, B. (Hrsg.; 2008): Das Museum als Marke. Branding als strategisches Managementinstrument für Museen, Bielefeld (Landschaftsverband Rheinland, Rheinisches Archiv- und Museumsamt, Publikation der Abteilung Museumsberatung; 22)

John, H./Schild, H.-H./Hieke, K. (Hrsg.; 2010): Museen und Tourismus. Wie man Tourismusmarketing wirkungsvoll in die Museumsarbeit integriert. Ein Handbuch, Bielefeld

Kagermeier, A. (2010): Erfolgsfaktoren für Events im kulturorientierten Städtetourismus – eine Evaluierung der Kaiser Konstantin Ausstellung 2007 in Trier. – In: Kagermeier, A./Raab, F. (Hrsg.): Wettbewerbsvorteil Kulturtourismus. Innovative Strategien und Produkte, Berlin, 17-40 (Schriften zu Tourismus und Freizeit; 9)

Kagermeier, A./Steinecke, A. (Hrsg.; 2011): Kultur als touristischer Standortfaktor: Potenziale – Nutzung – Management, Paderborn (Paderborner Geographische Studien zu Tourismusforschung und Destinationsmanagement; 23)

Kallinich, J. (2004): Das Museum als Ort der Unterhaltung. – In: Commandeur, B./Dennert, D., 71-81

Keul, A. G./Kühberger, A. (1996): Die Straße der Ameisen. Beobachtungen und Interviews zum Salzburger Städtetourismus, München/Wien (Tourismuswissenschaftliche Manuskripte; 1)

Klein, A. (Hrsg.; 2011): Taten.Drang.Kultur. Kulturmanagement in Deutschland 1990-2030, Wiesbaden

Klein, A. (o. J.): Kulturtourismus als Entwicklungschance für Städte und Gemeinden, Ludwigsburg (unveröffentlichtes Paper)

Klein, H.-J./Wegner, N. (2010): Touristen im Museumspublikum – Befunde empirischer Untersuchungen aus Museumsperspektive. – In: John, H./Schild, H.-H./Hieke, K., 85-109

Kriegner, E. (2004): Museen und Tourismus. Chancen und Probleme der Kooperation am Beispiel ausgewählter oö. Museen. – In: Trans – Internet-Zeitschrift für Kulturwissenschaften, 15, 1-17 (www.inst.at/trans/15Nr/09_1/kriegner15. htm vom 24. Oktober 2011)

Lauterbach, B. (Hrsg.; 2010): Auf den Spuren der Touristen. Perspektiven auf ein bedeutsames Handlungsfeld, Würzburg (Kulturtransfer – Alltagskulturelle Beiträge; 6)

Lehmann, M./Heinemann, A. (2009): Touristische Leitbilder. Der strategische Planungsprozess von Destinationen, Berlin (Heilbronner Reihe Tourismuswirtschaft; 6)

Leimgruber, P./John, H. (2011): Museumsshop-Management. Einnahmen, Marketing und kulturelle Vermittlung wirkungsvoll steuern. Ein Praxis-Guide, Bielefeld (Schriften zum Kultur- und Museumsmanagement; o. Bd.)

Lenfers, E. (1999): Flagship-Projekte im Strukturwandel von Altindustrieregionen. Das Beispiel Guggenheim Museum Bilbao, Spanien. – In: Kommunalverband Ruhrgebiet (Hrsg.): Regionalmarketing für das Ruhrgebiet. Internationale Erfahrungen und Bausteine für eine Region mit Zukunft, Ruhrgebiet, 197-215

Mandel, B. (2008): Kontemplativer Musentempel, Bildungsstätte und populäres Entertainment-Center. Ansprüche an das Museum und (neue) Strategien der Museumsvermittlung. – In: John, H./Dauschek, A., 75-87

Mandel, B. (2011): Kulturelle Lernorte im (Massen-)Tourismus? Potentiale und Strategien kultureller Bildung von Musentempel bis Disneyland. – In: Hausmann, A./Murzik, L., 175-197

Meyer, H. (2008): Architektur als Marke? Corporate Architecture für Museen. – In: John, H./Günter, B., 115-128

Moebius, S. (2009): Kultur, Bielefeld

Mühldorfer-Vogt, Chr. (2012): Peenemünde – ein Mythos. – In: Quack, H.-D./Steinecke, A., 143-151

Münch, R. (2008): Museum à la carte oder: Besucher neu denken! – In: John, H./Dauschek, A., 232-246

Niemeyer, S. (2012): Kultur wird sozial und mobil. Wie *Social Media* und *Mobile Marketing* den Kulturtourismus verändern, Berlin (Vortrag am 07. März auf der Internationalen Tourismus-Börse)

Paulus, P. (2011): Erfolgsfaktor Qualität – Einführung von Qualitätsmanagement im *Museum am Strom*. – In: Hausmann, A./Murzik, L., 305-323

Pröbstle, Y. (2011): Über den kulturbetrieblichen Tellerrand hinaus. Anregung zu einer mehrdimensionalen Denk- und Handlungslogik im Kulturmanagement am Beispiel Kulturtourismus. – In: Föhl, P. S. u. a., 69-96

Prokop, J. (2008): Corporate Design für Museumsmarken: Mehr Wirksamkeit durch Aufmerksamkeit. – In: John, H./Günter, B., 83-114

Quack, H.-D./Steinecke, A. (Hrsg.; 2012): *Dark Tourism* – Faszination des Schreckens, Paderborn (Paderborner Geographische Studien zu Tourismusforschung und Destinationsmanagement; 25)

Reusner, E. M. (2010): Publikumsforschung für Museen. Internationale Erfolgsbeispiele, Bielefeld

Ribbeck, A. (2000): Info Box (Potsdamer Platz, Berlin). – In: Steinecke, A. (Hrsg.): Erlebnis- und Konsumwelten, München/Wien, 211-223

Richards, G. (1996): The Scope and Significance of Cultural Tourism. – In: Richards, G. (Hrsg.): Cultural Tourism in Europe, Wallingford (GB), 19-45

Rode, Th. (2008): Die Museumsmarke als Standortmarke. – In: John, H./Günter, B., 129-142

Schäfer, H. (2004): Besucherforschung als Basis für neue Wege der Besucherorientierung. – In: Commandeur, B./Dennert, D., 103-119

Schemm, V./Unger, K. (1997): Die Inszenierung von ländlichen Tourismusregionen: Erfahrungen aus touristischen Kampagnen in Ostbayern. – In: Steinecke, A./Treinen, M., 30-46

Scheytt, O. (2011): RUHR.2010 – eine neue Marke im Kulturtourismus. – In: Hausmann, A./Murzik, L., 255-269

Schmeer-Sturm, M.-L. (2012): Reiseleitung und Gästeführung. Professionelle Organisation und Führung, München

Schwark, J. (2000): Thementourismus – am Beispiel des Lutherjahres. – In: Dreyer, A. (Hrsg.): Kulturtourismus, 2. Aufl. München/Wien, 117-136

Seidl, Chr. (2003): Eastern Bavaria – Germany. – In: Schmude, J./Trono, A. (Hrsg.): Routes for Tourism and Culture. Some Examples for creating thematic Routes from Italy, Greece, Portugal and Germany, Regensburg, 35-153 (Beiträge zur Wirtschaftsgeographie Regensburg; 5)

Siebenmorgen, H. (1999): Der Museumsshop – So ist das Leben. – In: Compania Media (Hrsg.): Der Museumsshop. Positionen – Strategien – Sortimente. Ein Praxisführer, Bielefeld, 22-25

Sierck, A./Winkler, K. (2006): Informationsquellen und Internetnutzung bei Urlaubsreisen, Kiel

Sigala, M./Leslie, D. (Hrsg.; 2006): International Cultural Tourism. Management, Implications and Cases, Amsterdam u. a.

Siller, L./Peters, M./Strobl, A. (2011): Netzwerke im Kulturtourismus: Eine explorative Analyse in Südtirol. – In: Zeitschrift für Tourismuswissenschaft, 3/1, 43-68

Steinecke, A. (2002): Kulturtourismus in der Erlebnisgesellschaft. Trends – Strategien – Erfolgsfaktoren. – In: Geographie und Schule, 24/135, 10-14

Steinecke, A. (2004): Zur Phänomenologie von Marken-Erlebniswelten. – In: Brittner-Widmann, A./Quack, H.-D./Wachowiak, H. (Hrsg.): Von Erholungsräumen zu Tourismusdestinationen. Facetten der Fremdenverkehrsgeographie, Trier, 201-219 (Trierer Geographische Stud.; 27)

Steinecke, A. (2007): Kulturtourismus. Marktstrukturen – Fallstudien – Perspektiven, München/Wien

Steinecke, A. (2008): Kathedralen, Patrizierhäuser, Wolkenkratzer – architektonische Denkmäler als städtetouristische Attraktionen. – In: Romeiß-Stracke, F. (Hrsg): TourismusArchitektur. Baukultur als Erfolgsfaktor, Berlin, 190-198

Steinecke, A. (2009): Themenwelten im Tourismus. Marktstrukturen – Marketing-Management – Trends, München/Wien

Steinecke, A. (2010): Culture – a Tourist Attraction: Importance – Expectations – Potential. – In: Conrady, R./Buck, M. (Hrsg.): Trends and Issues in Global Tourism 2010, Berlin/Heidelberg, 185-196

Steinecke, A. (2010a): Populäre Irrtümer über Reisen und Tourismus, München

Steinecke, A. (2010b): Kulturtourismus: Marktstrukturen – Wettbewerbssituation – Erfolgsfaktoren. – In: Lauterbach, B., 87-107

Steinecke, A. (2011): „Was besichtigen wir morgen?" – Trends und Herausforderungen im Kulturtourismus. – In: Hausmann, A./Murzik, L., 11-34

Steinecke, A. (2011a): Tourismus, 2., überarb. Aufl. Braunschweig (Das Geographische Seminar; o. Bd.)

Steinecke, A./Treinen, M. (Hrsg.; 1997): Inszenierung im Tourismus. Trends – Modelle – Prognosen, Trier (ETI-Studien; 3)

Ströter-Bender, J. (2009): Museumskoffer, Ideen- und Materialkisten. Projekte für die Primar- und Sekundarstufe und die Museumspädagogik, Marburg

Target Group (2011): „KULMON „-System für Besucher-Monitoring an tourismusaffinen Berliner Kulturinstitutionen. Projektbeschreibung und exemplarische Ergebnisse, Nürnberg

Tourismusverband Sächsische Schweiz (Hrsg.; o. J.): Tourismusleitbild Sächsische Schweiz, Pirna

Unger, K. (1993): Festivals und Veranstaltungen als kulturtouristische Angebote. – In: Becker, Chr./Steinecke, A. (Hrsg.): Kulturtourismus in Europa. Wachstum ohne Grenzen? Trier, 112-121 (ETI-Studien; 2)

Vogt, H. (2004): Kundenzufriedenheit und Kundenbindung: Erfolgreiche Managementkonzepte für öffentliche Bibliotheken, Gütersloh

Weier, M. (2005): Innovative Stadtführungen. – In: Landgrebe, G./Schnell, P. (Hrsg.): Städtetourismus, München/Wien, 241-252

Willnauer, F. (2010): Festspiele und Festivals in Deutschland, Bonn (www.miz.org/static_de/themenportale/einfuehrungstexte_pdf/03_Konzerte Musiktheater/willnauer.pdf vom 22.08.11)

Wolff, J. (1997): Die kulturelle Inszenierung eines Urlaubslandes: das „Lutherjahr 1996". – In: Steinecke, A./Treinen, M., 18-29

Register

A
Ägyptisches Museum, Berlin 102
Alleinstellungsmerkmal 38, 39, 40, 84
Alltagsbezug (von Informationen) 113, 145
American Association of Museums (AAM) 92
Animationstechniken 18
Anschaulichkeit (von Informationen) 111, 145, 104, 106
Anspruchsdenken 12, 14
Applications (Apps) für Smartphones 110, 111, 122, 142
Architektur (als Instrument der Markenbildung) 48, 49, 52, 55, 89, 93, 102
Asam-Barock Ostbayern (Jahreskampagne) 36
Attraktionspunkt 95, 97, 107, 124
Auch-Kulturtouristen 28, 150
Audio-Rundgänge 110
Aufmerksamkeitsgesellschaft 48, 50
Aufsichtspersonen 144
Ausschilderung von Kultureinrichtungen 97, 98
Auswahl von Exponaten 106
Autostadt, Wolfsburg 29, 30, 93

B
Bad Hersfelder Festspiele 137
Baltic College, Schwerin 144
Bastogne Historical Center (Belgien) 134
Bauhaus Archiv, Berlin 111
Benchmarking 139, 149, 155
Berlin WelcomeCard 63
Besichtigungsrituale 20, 95
Besichtigungsvorschläge 103
Besucherbindung 84, 136, 140, 141, 142, 146
Besucherinformation 96, 110, 111, 118
Besucherlenkung 99, 120, 144
Besucherzufriedenheit 136, 138, 146
Biennale, Venedig 67, 68
Bilbao 64, 71, 72, 89
Blitz Experience 104, 105, 106
Bode-Museum, Berlin 9
Bodensee-Erlebniskarte 63
Bourdieu, Pierre 82
Bregenzer Festspiele 9, 32
Bruneck (Südtirol/Italien) 91
Buckingham Palace, London 20, 21
Buena Vista Motion Picture Group 91
Bühnen, Kultureinrichtungen als 31, 107, 119, 139
Burj Al Arab, Dubai 89
Busch, Wilhelm 119

C
Calatrava, Santiago 89
Cast Members 49
Christo 67
Cinderella Castle 91
City Cards 63
City-Light-Poster 22, 131, 132
Coopetition 58
Corporate Architecture 90, 93
Corporate Culture 88
Corporate Design 88, 98, 152

Corporate Hotel Partner 62
CTM (Tourismusmesse), Stuttgart 128
Cuidades Patrimonio la Humidad de España 26
Culture Lounge 128, 129
Cycloramen 104, 105

D

Dark Tourism 40, 133, 134, 146
Demokratisierung des Reisens 12
Destination Cards 63
Destination Management Company 47
Destinationen 26, 33, 46, 75, 80, 81
Deutsche Bahn 62
Deutsche Guggenheim, Berlin 121
Deutsche Zentrale für Tourismus, (DZT) Frankfurt a. M. 53
Dioramen 104
Direktvertrieb 154
Disney, Walt 56, 91
Distributionspolitik 94, 122, 124, 154
Dornier Museum, Friedrichshafen 121
Dubai 89

E

Edutainment 39, 40
Entdeckungsreise Autobahn 98
Erkundungen 110
Erlebnis- und Konsumwelten 100
Erlebnisorientierung 28, 76, 134, 145
Erreichbarkeit 124
Eske, Ulrike 51
Europa-Park, Rust 32
Europa-Universität Viadrina, Frankfurt (Oder) 144

Europa.art 64
European Museum of the Year Award (EMYA) 92, 93
European Museum Trust 92
Events 15, 25, 29, 31, 33, 41, 47, 67, 74, 85, 107, 108, 109, 123, 127, 129, 131, 137, 140, 151
–, Literaturtipp 109
–, Typen 31
Evoked Set 80, 126, 145
Eye-Catcher 73

F

Facebook 122, 129, 130, 131, 155
Fachhochschule Potsdam 143
Fast-Lane-Zugänge 70
Festivalisierung der Politik 31
Filialisierungsstrategie 72, 73, 74, 151
Filmfestspiele, Cannes 67
Flexibilität 12, 14, 37, 39, 40, 88
Florida Holocaust Museum 134
Formel 1-Rennen 70
Forschungsgemeinschaft Urlaub und Reisen, Kiel 16
Frantz, Justus 38
Franziskus – Licht aus Assisi (Ausstellung), Paderborn 86, 87

G

Gästeführungen 53, 74, 77, 115
–, Innovationen 114
Gedenkstätte Seelower Höhen 44
Gehry, Frank O. 89
„Geiz ist geil"-Mentalität 12
Gelegenheits-Kulturtouristen 22
Geschichtspark Bärnau-Tachov 141, 142
Glasgow 47

Google Plus 122, 129
Guggenheim Foundation 71, 72
Guggenheim Museum, Bilbao 89
Gutenberg Museum, Mainz 111
Gütesiegel 89, 92, 93, 94, 145

H
Hadid, Zaha 89
Haus der Geschichte der Bundesrepublik Deutschland (HDG) 111
Häuser, Harald 49, 59, 72
Heidelberger Schloss 32
Heidenturmkirchen (Rheinhessen) 141
Heinz Nixdorf MuseumsForum, 127
Heller, André 23, 29
Herrenchiemsee 19
High Museum, Atlanta 72
Hohenzollern-Schloss Sigmaringen 53, 54, 55
Höhmann, Bernd 49
Homepage 14, 52, 60, 62, 70, 78, 81, 88, 110, 129, 153
Humboldt-Box, Berlin 27, 28

I
Identitätsstiftung (durch Marken) 82, 83
Imagination 107
Imperial War Museum, London 104, 105, 106
Individualisierung 12, 14
Information Overload 89, 112, 126
Informationsquellen für Urlaubsreisen 81
Informationssysteme 113
Informationstafeln 60, 98, 110, 111, 113

Informationsvermittlung (Prinzipien) 12, 18, 105, 114, 115, 136
Infotainment 22, 28
Inszenierungstechniken 49, 55, 56, 102, 104
Interessengegensätze zwischen Kultur- und Tourismusakteuren 33, 40
International Festival of the Sea, Portsmouth 134
Internationale Tourismus-Börse (ITB), Berlin 128, 129

J
Jahreskampagnen 36, 38, 52, 53, 74
Jeanne-Claude 67
Junges Museum Speyer (Jumus) 101

K
Kaufhaus des Westens, Berlin 64, 65
Keywords 110
Kissinger Sommer 38
KlangZeit Münster 38
Kölner Dom 9, 32, 114
Kommunikationspolitik 50, 72, 73, 86, 92, 94, 95, 122, 125, 126, 130, 131, 139, 145, 152, 154
Krens, Thomas 71
Kultur für Alle 120
Kultur-Begriff 15
Kultur-Ticket-Spezial 62
Kultur-Verständnis 15
Kulturhauptstadt Europas 26, 47, 59, 67
Kulturreise 15
Kulturtourismus 10, 13, 15, 25, 26, 35, 40, 58, 61, 62, 64, 66, 67, 93, 121, 126, 143, 144
–, Definition 15

Kulturtouristen 10, 15, 16, 18, 21, 22, 24, 95, 119, 120, 134, 136, 138, 140, 143
Kunsthalle Emden 52
Kunsthalle Wien 59
KZ-Gedenkstätten 133

L

Laien (Kulturtouristen als) 17, 18, 96
Landesmuseum für Technik und Arbeit, Mannheim 92
Landschafts-Festivals 38
Las Vegas 20, 71
Legitimation (der Arbeit von Kultureinrichtungen) 34, 132
Leistungskette 77, 136, 137, 140, 144
Leistungsversprechen 89, 122
Leitbild 43, 44, 45, 46, 74, 150
Leopold Museum, Wien 59
Libeskind, Daniel 89, 90
Lichtinstallationen 102, 152
Liebieghaus, Frankfurt a. M. 62
Lille 67
Limitierungsstrategie 67, 70, 74, 151
Linderhof 19
Logo (praktische Anforderungen) 81, 82, 84, 85, 86, 87, 88, 91, 94, 98, 110, 152
London Zoo 112
Lounges für Mitglieder 70
Louvre, Abu Dhabi 72
Louvre, Paris 72, 89, 103, 111
Low Cost Airline 22
Lutherjahr 39

M

Madame Tussauds, Berlin 70
Magic Kingdom 56
Manchester Square, London 125
Marken 71, 81, 83, 84, 85, 86
Markenerlebniswelten 28, 40, 90
Marketing-Mix 41, 42, 46, 94, 95, 96, 145
Maximilianpark, Hamm 99
Mental Map 80, 126, 145
Mercedes-Benz Museum, Stuttgart 56
Merchandising-Produkte 116, 122, 145, 152, 154
Metropolitan Museum of Art, New York 64, 65, 68, 132
Militärtourismus 133
Millet, Jean-François 64, 65
Milwaukee Art Museum 89
Mission Statement 43
Mit dem Zug zur Kultur 62
Mitmach-Ausstellungen 101, 103
Monet, Claude 68, 69
Mosel Musikfestival 38
Multifunktionalität 28
Multioptionalität 13
Mund-zu-Mund-Propaganda 14, 80, 81, 135
Museen (Entwicklung in Deutschland und Europa) 10, 13, 15, 26, 27, 29, 31, 33, 40, 44, 48, 50, 53, 58, 59, 60, 61, 62, 66, 68, 71, 72, 76, 83, 86, 88, 89, 90, 92, 93, 103, 109, 111, 113, 114, 117, 120, 123, 129, 139, 140, 146
Museum für Völkerkunde, Hamburg 45
Museum of Modern Art, New York 32
Museums- und Kreativquartiere 59
Museumsinitiative in OWL 59
Museumsinsel, Berlin 111

Stichwortverzeichnis

Museumskoffer 113, 114
Museumspädagogik 136
MuseumsQuartier Wien (MQ) 59
Mystery Shopper 155
MyZeil, Frankfurt a. M. 123, 124

N

National Trust 104
Netrebko, Anna 71
Neuschwanstein 19, 32, 91
Newgrange (Irland) 77
Newsletter 127, 129, 141, 156
Nofretete 19, 52, 102
Normatives Management 43

O

Öffnungszeiten 110
Öffnungszeiten 9, 12, 37, 99, 100, 119, 124
Online-Kommunikation 125, 129, 145

P

Paddock Club 70
Paderborn 52, 86, 87, 114, 127
Panoramen 61
Pei, Miri Ming 89
Perfektion 108
Pergamonmuseum, Berlin 120
Pfahlbaumuseum Unteruhldingen Bodensee 18
Phaeno, Wolfsburg 89
Potsdamer Schlössernacht 108, 109
Powell, Earl A. 145
Prag (Stadtführungen) 20, 115
Preisbündelung 121, 154
Preisdifferenzierung 120, 121
Preispolitik 94, 119, 120, 121, 153, 154

Preispositionierung 120
Preissensibilität 12, 14
Preisvariation 121
Presse- und Öffentlichkeitsarbeit 125, 127, 132, 145, 146
Privilegien 12, 14, 50
Produkttransparenz 71
Profilbildung 74

Q

Qualifizierung der Mitarbeiter 136, 143, 145, 146
Qualitätsmanagement 40, 51, 74, 76, 78, 93, 134, 135, 136, 137, 155

R

Rallyes 110, 114
Rautenstrauch-Joest-Museum, Köln 56, 116
Reichstag, Berlin (Verhüllung) 67
Reiseanalyse 16
Reiseführer 21, 60, 80, 81
Reisemotive 12
Reisen Hamburg (Tourismusmesse) 128
Reiseveranstalter (als Partner von Kultureinrichtungen) 37, 61, 62, 80, 81, 154
Replika 35, 131, 145
Repräsentativuntersuchungen 15, 39
Rheingau Musik Festival 38
Roemer- und Pelizaeus-Museum, Hildesheim 52
Route der Industriekultur 60, 61, 99
Ruhrgebiet 26, 60, 99

S

Sachs, Samuel 25
Sächsische Schweiz 46

Salzburg Card 63
Scherer, Hermann 48
Schirn Kunsthalle, Frankfurt a. M. 123
Schlachtfelder 133
Schleswig-Holstein Musik Festival (SHMF) 38
Scotney Castle (Großbritannien) 143
Selbstähnlichkeit (bei der Markenbildung) 85, 86, 145
Sewastopol (Ukraine) 105
Singapore Zoo 43
Sinngebung (von Marken) 82, 83
Sissinghurst Castle (Groß-britannien) 104
Sissinghurst Castle (Großbritannien) 104
Slevogt, Max 9
Smartphones 14, 110, 111, 122, 142, 153
Social Media 80, 81, 130
Soft Facts 113
Sonderausstellungen 150, 151
Sonderausstellungen 9, 31, 48, 50, 52, 53, 60, 67, 70, 72, 83, 86, 87, 107, 118, 120, 140
Spektakel 48, 92, 134
St. Andrews Castle (Großbritannien) 98, 100
Städel Museum, Frankfurt a. M. 62
Stammgäste 107, 111, 112
State Heritage Museum, St. Petersburg 72
Stiftung Preußische Schlösser und Gärten Berlin-Brandenburg 75
Stonehenge (Großbritannien) 99
Storytelling 51, 113
Strategisches Management 41, 74

Symbole (in Ausstellungen) 87, 107, 112
Szenen (in Ausstellungen) 112

T
Tate Britain, London 68, 83
Tate Modern, London 70, 83
Technik Museum Speyer 62
Temporäre Sehenswürdigkeiten 27
Testimonials 49
Theater Trier 121
Thematisierungsstrategie 56, 74
Themenrouten 52, 60, 74
Topographie des Terrors 15
Tourismus Zentrale Saarland (TZS) 37
Tourismusverband Ostbayern 36
Tourist-Information 148
Touristische Unterrichtungstafeln 98
Trench Art 133
Trench Experience 104
Trivialisierung 33, 155
Tussauds Group 70
Twitter 122, 129, 155

U
Überlingen (Bodensee) 23, 72, 73
Übersichtlichkeit (von Kultureinrichtungen) 103, 104, 106, 110, 111, 145
UNESCO-Welterbestätten 26, 114
Unger, Klemens 36, 38
Uno-Actu-Prinzip 77, 78, 122, 145
Urlaubsmotive 13, 14

V
Vernetzungsstrategie 66, 74
Villazón, Rolando 71

Vision 43, 44, 45, 46, 74, 150
Von der Heydt-Museum, Wuppertal 68
Vorarlberg 47

W
Weltausstellungen 55
Weltkulturerbe Völklinger Hütte 37
Wettbewerbe (im Rahmen der Markenbildung) 92, 93, 145, 89, 92, 93
Wiener Philharmoniker 64

Wildung, Dietrich 102
Wissenschaftliche Buchgesellschaft (Darmstadt) 123
Worpswede 44, 84

Z
Zeppelin Museum, Friedrichshafen 88, 138
Zeppelin Museum, Logo 88
Zoom´ Kindermuseum, Wien 59

Neue Perspektiven zur Sozialstrukturanalyse

> Sozialstrukturanalyse – Grundlagen und Modelle

Christoph Weischer
Sozialstrukturanalyse
Grundlagen und Modelle
2011. 505 S. mit 199 Abb. Br.
EUR 24,95
ISBN 978-3-531-17748-9

In dieser Einführung in die Sozialstrukturanalyse wird zum einen grundlegend nach den Ursachen sozialer Differenzierung und nach der relativen Stabilität von Ungleichheitsstrukturen gefragt. Hierzu wird das Zusammenspiel verschiedener differenzierungsrelevanter Arenen (gesellschaftliche Produktion, Sozialstaat, private Haushalte) in theoretischer wie empirischer Perspektive analysiert. Zudem werden wesentliche Institutionen dargestellt, die an der Stabilisierung und Reproduktion ungleicher Lebenslagen beteiligt sind.

Zum anderen werden verschiedene Modelle der klassischen (Klassen- und Schichtkonzepte) und modernen Sozialstrukturanalyse (Milieuanalyse, Intersektionalität, transnationale Analyseansätze, Entstrukturierung) vorgestellt, die sozial differente Lebenslagen entlang verschiedener theoretischer Konzepte mehr oder weniger strukturiert darstellen.

Erhältlich im Buchhandel oder beim Verlag.
Änderungen vorbehalten. Stand: Januar 2012.

Einfach bestellen:
SpringerDE-service@springer.com
tel +49(0)6221/345–4301
springer-vs.de

The manufacturer's authorised representative in the EU is Springer Nature Customer Service Centre GmbH, Europaplatz 3, 69115 Heidelberg, Germany. If you have any concerns regarding our products, please contact ProductSafety@springernature.com

Printed and bound by CPI Group (UK) Ltd, Croydon, CR0 4YY

23/03/2026

02076668-0007